기질과 자녀 교육

베블리 라헤이 지음 | 양은순 옮김

생명의말씀사

HOW TO DEVELOP YOUR CHILD'S TEMPERAMENT
by Beverly LaHaye
Translated by Eunyes Riew

Copyright ⓒ 1977 Harvest House Publishers, Irvine, Ca., U.S.A.
All rights reserved.

Korean Edition published by Word of Life Press, Seoul, 1978, 1992.
Translated and published by permission.
Printed in Korea.

기질과 자녀 교육

ⓒ 생명의말씀사 1978, 1992

1978년 8월 30일 1판 1쇄 발행
1990년 10월 15일   9쇄 발행
1992년 3월 30일 2판 1쇄 발행
2024년 7월 10일   26쇄 발행

펴낸이 l 김창영
펴낸곳 l 생명의말씀사

등록 l 1962. 1. 10. No.300-1962-1
주소 l 서울시 종로구 경희궁1길 6 (03176)
전화 l 02)738-6555(본사) · 02)3159-7979(영업)
팩스 l 02)739-3824(본사) · 080-022-8585(영업)

인쇄 l 주손디앤피
제본 l 주손디앤피

ISBN 89-04-14021-8 (03230)

저작권자의 허락없이 이 책의 일부 또는 전체를
무단 복제, 전재, 발췌하면 저작권법에 의해 처벌을 받습니다.

역자 서문

둘째 아이가 아직 두 돌이 되기 전에 셋째 아이가 태어나서 내가 아이들로 인해 가장 많은 시간과 정력과 관심을 기울여야 할 시기에 이 책을 번역하게 되었다. 그러면서도 나는 다시는 돌이킬 수 없는 소중한 순간들을, 피곤하지만 기쁜 마음으로 아이들과 함께 주님께서 주신 아름다운 생활을 마음껏 누릴 수 있었다. 내가 이렇게 바쁘고 어렵지만, 언젠가는 매순간 주님께 지혜를 구하고 응답해 주신 주님께 감사하던 때를 돌이켜 보며 포근한 향수를 느끼리라. 끊임없이 "엄마"를 요구하는 아이들과 부딪히며, 그들이 예수 그리스도의 영광을 드러낼 어느 날을 위해 아낌없이 나의 모든 것을 투자해 보련다. 나의 것이 아닌 예수 그리스도의 사랑과 훈계가 있기에 하나님께서 맡기신 부모라는 청지기 직분을 해낼 수 있을테니까.

자신의 경험을 통해 자녀를 즐겁게 키울 수 있는 비결을 나누어 준 라헤이 부인과, 이러한 것을 사랑하는 한국의 부모들과 나눌 수 있는 기회를 주시고 협력해 주신 "생명의 말씀사" 직원 여러분께 깊은 감사를 드린다. 이 책이 나와 같이 부모라는 영광스러운 하나님의 동역자들에게 같은 믿음과 소망과 사랑을 갖게 하는 영감의 도구가 되기를 기도드린다.

양 은 순

목 차

역자 서문 ··· 3

1. 자녀들 — 선, 악 혹은 중간 ······················· 9
   1. 악을 향한 욕구·10 / 2. 선을 향한 욕구·11 / 자녀가 자라는 데 필요한 것·13 / 자녀들은 기다려 주지 않는다·15

2. 자녀를 아는 것은 도움이 된다 ················· 19

3. 아이들이 왜 그런 행동을 하나 ·················· 23
   다혈질의 어린이·25 / 담즙질의 어린이·29 / 우울질의 어린이·33 / 점액질의 어린이·38

4. 어린이의 12가지 기질 ····························· 43
   다혈담즙질·44 / 다혈우울질·46 / 다혈점액질·49 / 담즙다혈질·52 / 담즙우울질·55 / 담즙점액질·57 / 우울다혈질·58 / 우울담즙질·60 / 우울점액질·62 / 점액다혈질·64 / 점액담즙질·66 / 점액우울질·67 / 결론·69

5. 어린 시절을 통해서 …………………………………… 71
   어머니의 엄청난 조정·71／하나님의 원(原)창작품·
   73／성장 단계·74

6. 모래 상자와 깨진 무릎과 학교 생활 ………………… 107

7. 구구법에서 몸치장까지 ……………………………… 119

8. 놀랄 만큼 거칠고도 민감한 시기 …………………… 133
   왜 늘 갈등할까·134／가족의 오락과 교제의 즐거움·
   138／도구로서의 체육·139／운동이 다는 아니다·
   142／우울질의 고독·143／청소년과 교회·144／청
   소년의 친구 선택·147／데이트 지침·149／남의
   규칙 존중하기·158／너무 많고 너무 늦다·159／
   졸업 후·160

9. 올바른 자녀로 가르치는 훈련 ………………………… 163
   잠언 22：6·164／하나님이 약속을 취소하셨을까·
   166／하나님은 완전한 부모를 기대하시지는 않는
   다·169／옳고 그름 가르치기·171／건방지게 굴지
   말라·175／자녀를 불쾌한 아이로 만들고 있는가·
   176／자녀들은 "안돼"라는 말을 들을 권리가 있다·
   177／남의 권리 존중하기·180／부모의 권위의 중요
   성·181／보는 대로 배운다·182／왜 불순종할까·
   185

10. 훈계는 단순한 징계가 아니다 ································ 191
   당신의 훈계는 얼마나 효과적인가·196／고쳐 주는
   채찍·200／훈계에 대한 지침·204／부모의 기질이
   훈계에 영향을 준다·205／고집쟁이인 것인가, 의지
   가 강한 것인가·209

11. 사랑의 결실을 거두다 ·· 213
   심은 대로 거둔다·215／더 큰 기쁨은 없다·222

1
자녀들 — 선, 악 혹은 중간

여섯 살 난 내 딸은 내 침실 거울 앞에 앉아 있었고, 나는 눈에 띄지 않게 복도에 서서 문틈으로 들여다보고 있었다. 아이는 내 옷 중에서 제일 좋은 옷을 꺼내 입고, 굽 높은 구두를 신고, 조그마한 손에는 장갑까지 끼고 있었다. 나는 가만히 서서 아이의 몸짓을 지켜 보았다. 그 애는 흰 장갑을 낀 손으로 입술 연지를 잡고 조그마한 입술에 문지르느라고 애를 썼다. 그러더니 빗을 꺼내 머리를 빗고, 마침내 값비싼 프랑스제 향수에 손을 뻗치려고 했다. 그 때 나는 조용히 방으로 들어갔다.

"어머, 너 예쁘구나. 너 이름이 뭐니?"라고 내가 말했다.

그 애가 나를 쳐다보았을 때 나는 웃음이 나오는 것을 참기가 어려웠다. 입 가장자리까지 울퉁불퉁하게 입술 연지를 마구 칠해서 커다랗게 된 새빨간 입술은, 자기는 숙녀처럼 보이려고 했겠지만 숙녀는커녕 광대 같았다. 아이는 깜짝 놀라서 대답했다.

"엄마, 나 알잖아요! 나 로리(Lori)예요. 엄마처럼 되고 싶어요."

나는 이 아이가 흉내를 내려고 했다는 사실을 깨닫고는 숨을 죽이고 침을 꿀꺽 삼켰다. 얼마나 큰 책임인가! 얼마나 큰 사랑과 존경인가! 자기 부모를 너무나 좋아해서 자기도 그 부모처럼 되고 싶어하는 자녀를 가졌다는 것은 얼마나 큰 특권인가!

　하나님은 부모에게 자녀를 사랑하고 보호하고 가르치고 훈련시킬 책임을 주셨다.

　"자식은 여호와의 주신 기업이요 태의 열매는 그의 상급이로다 젊은 자의 자식은 장사의 수중의 화살 같으니"(시 127 : 3-4).

　화살은 목표에 닿도록 정확히 겨냥하고 정확한 방향을 잡아야 한다. 또한 화살은 시위를 당길 능력과 힘을 줄 활이 필요하다. 활을 잘 쏘는 사람을 보면, 화살이 정확히 나아가기 위해서는 활이 유연하게 잘 구부러져야 한다는 사실을 알 수 있다. 활이 잘 휘어지면 질수록 화살은 멀리 날아갈 것이다. 이것은 자녀들이 부모에게 올바로 순종하고 조심스럽게 목표를 향해 나아갈 수 있도록 부모들이 잘 겨냥해야 한다는 사실을 설명해 주는 아주 놀라운 시각 교재이다.

1. 악을 향한 욕구

　어린 아이의 천성은 양면적이다. 시편 51 : 5에서 그 첫번째 특징을 말해 준다.

　"내가 죄악 중에 출생하였음이여 모친이 죄 중에 나를 잉태하였나이다."

　이것은 단순히 나를 잉태한 어머니가 죄 중에 살았다는 것이 아니라 죄를 가지고 태어났다는 뜻이다. 그러므로 나 역시 죄성을 가지고 태어났다. 어린 아이를 가르치거나 고쳐 주지 않고 죄성을 가진 채 그냥 놓아 둔다면 그 부모는 잠언 29 : 15에 나와 있는 결과를 거두게 될 것이다.

"채찍과 꾸지람이 지혜를 주거늘 임의로 하게 버려두면 그 자식은 어미를 욕되게 하느니라."

그가 태어난 원래의 상태에서 변화되지 않은 자녀는 그 어머니와 아버지를 수치스럽게 할 것이다.

"미련한 아들은 그 아비의 근심이 되고 그 어미의 고통이 되느니라"(잠 17 : 25).

우리가 자녀들을 돌보는 기간은 18년 내지 19년이다. 그 동안 그들을 그저 참아만 준다면 그것은 대단히 잘못된 것이다. 아무런 훈련이나 교육이 없이 그저 성장하도록 놓아 둔 자녀 앞에는 큰 위험이 놓일 것이며, 그러한 자녀의 부모 앞에는 큰 슬픔과 마음의 상처가 놓일 것이다. 모든 아이들은, 가르치고 고쳐 주지 않은 채 멋대로 굴도록 내버려 둔다면 범죄자가 될 수 있는 잠재력을 가지고 있는 것이다.

2. 선을 향한 욕구

시편 139 : 13-16에서 이렇게 말한다.

"주께서 내 장부를 지으시며 나의 모태에서 나를 조직하셨나이다 내가 주께 감사하옴은 나를 지으심이 신묘막측하심(좋은 바늘 끝으로 한 것처럼 정교하고 능숙하게 이음)이라 주의 행사가 기이함을 내 영혼이 잘 아나이다 내가 은밀한 데서 지음을 받고 땅의 깊은 곳(보호된 장소)에서 기이하게 지음을 받은 때에 나의 형체가 주의 앞에 숨기우지 못하였나이다 내 형질이 이루기 전에 주의 눈이 보셨으며 나를 위하여 정한 날이 하나도 되기 전에 주의 책

(생명책)에 다 기록이 되었나이다."
　하나님은 우리의 골격을 두루 살피셨으며 그것은 정교하게 짜여졌다. 우리는 하나님에 의해 설계되었다.
　하나님은 우리가 태어나기 전부터 생명책에 우리의 지체와 우리를 위한 계획들을 열거해 놓기까지 하셨다. 바로 그때, 그것들이 형성되기도 전에 우리 기질의 특수한 특성들이 계획된 것이다. 하나님은 우리가 어떤 사람이 될 것인가를 아시며 우리 생애를 위한 계획을 가지고 계신다.

　그러나 하나님은 우리 각자에게 악이나 혹은 선을 선택하기 위한 자유 의지를 주셨으므로, 선을 택하도록 훈련되지 않은 아이는 틀림없이 악을 택할 것이다. 하나님께서는 우리의 성품이 어떠한가를 아시고 성경에 선과 악에 대해서 가르치는 많은 구절들을 주셨다.
　"악을 미워하고 선에 속하라"(롬 12 : 9).
　"악에게 지지 말고 선으로 악을 이기라"(롬 12 : 21)고 하셨다.
　자녀의 악에 대한 욕구는 그의 기질의 약점과 관련되어 있고 또한 선에 대한 욕구는 그의 기질의 장점과 관련되어 있다. 자기 자녀가 악을 향한 욕구를 가진 것이 자연스러운 일임을 깨달았을 때 그것은 부모로서 자녀를 이해하는 데 크게 도움이 된다. 자녀가 그냥 고집이 세고 비협조적인 것이 아니라, 악에 대해서 더 배우고 경험하려는 자연적인 욕구를 따르고 있다는 것을 알게 될 것이다. 그는 아직 영적으로 거듭나지도 않았으며 그 가치를 깨닫지도 못했기 때문에 내면에서는 싸움이 계속되고 있는 것이다.
　그는 매우 이기적인 욕구를 가지고 태어났으며 자기가 원하는 것만을 생각한다. 자기가 원하는 것을 거절당했을 때 분노와 화를 폭발시키게 된다.
　당신은, 천성적으로 자아 중심적인 욕구를 가진 자녀를 그대로 버려둔다면 장차 어떤 청소년이나 어른이 될 것인가를 생각해 본적이 있는가? 그러한 천성적인 성향을 이해한 부모는 더욱 적극적으로 자기 자녀가 그리스도를 알도록 인도하고 그가 악을 미워하고 선을 바라도록 가르치려고 할 것이다.

자녀들이 태어나서부터 첫 8년 동안의 기간에 부모들의 가르침이나 무관심은 엄청난 영향을 미친다. 그러나 이것을 이해하는 부모는 너무나 적은 것 같다. 아래에 나오는 도표는, 나의 남편이 기독교 대학의 성경 심리학과(the Biblical Psychology Department at Christian Heritage College)에서 가르치는 과목 중의 하나이다. 그 도표는 자녀의 성장에 있어서, 어린 아이의 지적이고 인격적인 영향의 80퍼센트는 8살까지면 거의 다 결정된다는 것을 보여 준다.

자녀가 자라는 데 필요한 것

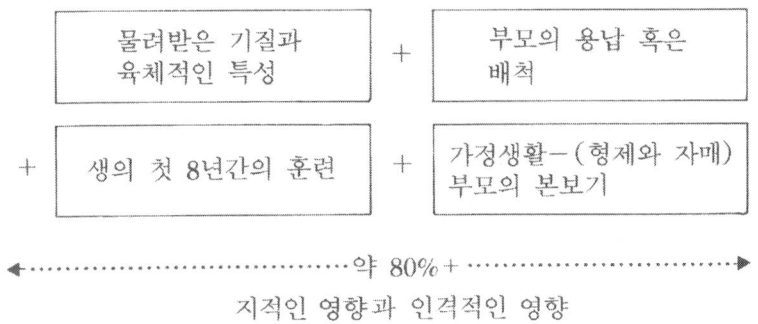

생의 첫 8년

약 80% +

지적인 영향과 인격적인 영향

나머지 기간

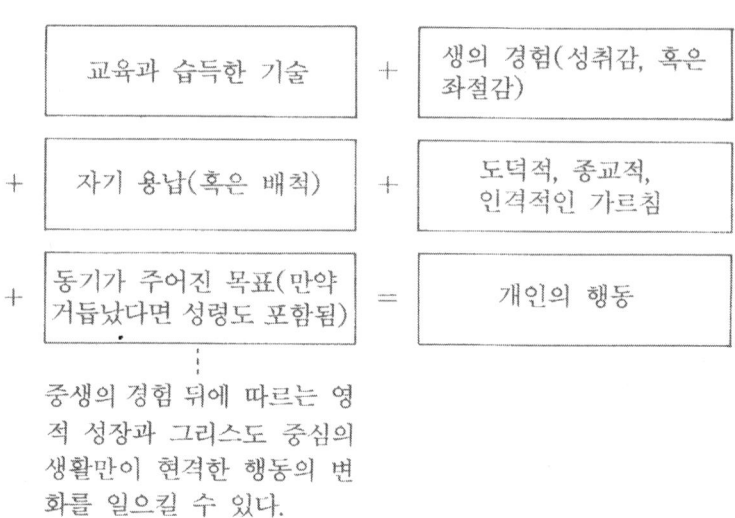

부모들은 이 성장 부분에 있어서 그들 자신이 의식적으로 목표를 설정해야 한다. 아주 어릴 때부터 선을 행하려는 관심이 양육되고 보호되고 훈련되어야 한다. 겨우 말을 할 줄 아는 어린 아이가 "하나님은 사랑이시다" 혹은 "우리가 사랑함은 그가 먼저 우리를 사랑하셨음이다"라는 말씀을 옮기는 모습이 얼마나 아름다운가! 이처럼 민감한 어린 식물을 양육하고 물을 주지 않는다면 시들어 버릴 것이다. 좀더 형편이 좋아질 때까지 기다려 주는 일은 없다. 자녀들은 개선되기 위해서 부모들의 예정표를 기다려 주지 않는다. 자녀들이 기다려 주지 않기 때문에, 그들이 어리고 민감하고 아직 훈련의 여지가 있을 때 훈련시켜 주어야 한다.

자녀들은 기다려 주지 않는다

아기의 탄생을 기다리는 때가 있고 의사의 진찰을 받을 때가 있다.
음식을 조절하고 운동하는 때가 있고 아기용품을 준비하는 때가 있다.
그것이 운명임을 알고 하나님의 방법에 경이감을 가질 때가 있다.
이 아기가 무엇이 될까를 꿈꾸는 때가 있고,
태 중의 아기를 어떻게 훈련시킬 것인가를 하나님께서 가르쳐 주시도록 기도할 때가 있다.
이 영혼을 내가 양육할 수 있도록 준비하는 때가 있다.
그러나 곧 아기를 낳을 때가 오리니.
아기들은 기다려 주지 않을테니까.

밤에 젖을 먹이는 때와 콜릭(colic, 아기가 매일 같은 시간에 이유 없이 울어 대는 것—역자주)과 이유기가 있다.
흔들 의자에 앉히는 때가 있고 아장아장 걷는 때가 있다.
인내와 자기 희생의 때,
아기에게 그가 새로 맞이한 세상은 사랑과 선의와 신뢰의 세상임을 보여 주는 때가 있다.
아기의 존재가 애완 동물이나 장난감이 아니라 한 인격이며 하나님의 형상대로 지음을 받은 영혼을 가진 인간임을 생각하는 때가 있다.
나의 청지기 직분을 생각하는 때가 있다.
나는 그를 소유할 수 없고, 그는 내 것이 아니다.
나는 그를 돌보고, 사랑하고, 그를 즐거워하고, 양육하고, 하나님께 응답하도록 택함을 받은 것이다.
　나는 그를 위해 최선을 다하리라고 결심한다.
　아기들은 기다려 주지 않을테니까.

　아기를 꼭 안고 가장 아름다운 예수님 이야기를 해주는 때가 있다.
　그에게 땅과 하늘과 꽃 가운데 계신 하나님을 보여 주어 그가 생각하고 경외감을 갖도록 가르치는 때가 있다.
　설거지를 잠시 제쳐놓고 뜰에서 아기를 그네에 태워 주고, 달리기를 하고, 그림을 그리고, 나비를 잡고, 그와 즐겁게 놀아 주는 때가 있다.
　길을 가리키고, 조그마한 입으로 기도하는 것을 가르치며, 마음으로 하나님의 말씀을 사랑하는 것을 가르치고, 하나님의 날을 사랑하도록 가르치는 때가 있다.
　아이들은 기다려 주지 않을테니까.

　불평하는 대신 노래하고, 찡그리는 대신 미소짓는 때가 있다.
　눈물은 입맞춤으로 날려 보내고, 깨뜨린 접시를 보고 웃어 버린다.
　최상의 마음가짐으로 삶에 대한 사랑과 하나님에 대한 사랑과 가족들에 대한 사랑을 그와 함께 나누는 때가 있다.
　그의 질문, 모든 질문에 대답하는 때가 있다.
　그가 대답을 원치 않을 때가 오기 때문이다.
　그가 참을성 있게 순종하며 장난감을 치우는 것을 가르치는 때가 있다.
　그에게, 의무의 아름다움과 성경 공부하는 습관과 집에서 예배드리는 즐거움과 기도의 평안함을 가르치는 때가 있다.
　아이들은 기다려 주지 않을테니까.

그가 용감하게 학교에 가는 것을 지켜 보고 그가 없는 것을 아쉬워하는 때,

그리고 그에게 마음을 쏟는 다른 사람들이 있음을 알지만 집에 오면 문을 열어 주려고 기다리는 때,

그리고 하루를 보낸 그의 이야기에 열심히 귀를 기울여 주는 때가 있다.

그에게 독립심과 책임감과 자립심을 가르치는 때와,

단호하지만 다정하게 대하는 때와 사랑으로 훈련시키는 때가 있다.

곧, 아주 곧 그를 놓아 보내고 앞치마를 벗을 때가 오리니.

아이들은 기다려 주지 않을테니까.

어느덧 재빨리 지나가 버린 어린 시절의 순간들을 귀중히 여기는 때가 있다.

그에게 영감을 주고 훈련시키는 소중한 기간은 겨우 18년뿐.

나는 이 귀중한 권리를 사회적인 지위나 사업이나 전문가의 명성이나 혹은 수표 한 장과 바꾸지 않으리라.

오늘 한 시간의 관심은 내일 수년간의 가슴 아픔을 막으리니.

집은 기다릴 것이며, 그릇들도 새 방도 기다릴 수 있겠지만,

아이들은 기다려 주지 않을테니까.

문을 쾅쾅 여닫는 소리, 층계에 늘어 놓은 장난감, 아이들의 말다툼 소리, 벽의 낙서도 없을 때가 있으리라.

그러면 나는 기쁨으로 뒤돌아보며 후회하지 않으리니 밖에 나가서 봉사에 집념하는 때가 있으리라.

병자와 유족들과 실망한 사람과 배우지 못한 자를 방문하는 등으로.

"나머지 일들"에 나 자신을 드리는 때가 있으리라.

되돌아보고 어머니의 이러한 시간들이 헛되지 않았다는 것을 알 때가 있으리라.

아이가 공명 정대한 사람이 되고, 하나님을 사랑하며 하나님을 섬기는 것을 보는 때가 오기를 나는 기도하리라.

하나님, 나의 자녀들과 함께 보내는 오늘이 나의 날임을 아는 지혜를 주옵소서.
자녀들의 생애에서 중요치 않은 순간은 없습니다.
이보다 더 소중한 직업은 없으며,
이보다 더 큰 상급의 일은 없으며,
이보다 더 시급한 임무는 없음이니이다.
내가 이 일을 연기하지도 소홀히 하지도 않게 하옵시고,
당신의 성령으로 이것을 기쁘고 즐겁게 받아들이며, 당신의 은혜로 그 시간은 짧고 바로 지금이 나의 시간임을 깨닫게 하옵소서.
아이들은 기다려 주지 않을테니까!

헬렌 영(Helen M. Young)

2
자녀를 아는 것은 도움이 된다

조금 전 한 젊은 가족이 할머니 댁에 도착했다. 할머니는 그들을 맞으며 6주 된 갓난아기를 받아 안고서 감탄하며 얼러 준다. 잠시 무시되고 소홀히 취급되었다는 느낌을 받은 네 살짜리 어린 아이가 할머니의 치맛자락에 매달려 중얼거린다.

"할머니, 나 왔어요!"

대부분의 할머니들은 의식하지 못한 채 그런 일을 하겠지만 불행하게도 많은 아이들은, 아무도 그들의 존재를 보아 주지 않기 때문에 정말로 무시당한 듯한 느낌을 받는다. 네 살짜리도 갓난아기가 받는 것과 똑같은 관심과 애정을 받아야 한다. 남자 아이나 여자 아이나 어린 아이들의 기질은 모두 다를지라도 "인식되고자" 하는 욕구는 같은 것이다.

형제나 자매라 할지라도 기질은 아이마다 다르다. 기질을 결정하는 유전 인자는 두 사람의 부모와 네 분의 조부모에게서 영향을 받으며, 심지어 증조부모에게서까지도 영향을 받을 수 있다.

우리의 첫 아이가 태어난 뒤로, 산부인과 의사는 그 아이가 정말로 독특하다는 것을 확인케 해주었다. 만일 우리가 20명의 자녀를 두었다 해도 그들 하나하나는 모두 완전히 다른 성격과 기질을 갖게 될 것이라고 그는 말했다. 그것은 사실이다. 우리의 네 아이는 비록 같은 부모와 같은 조부모에게서 태어났지만 모두가 아주 다르다. 두 살이 되면 벌써 각 아이마다 다른 것이 확실히 나타나며 우리는 그들의 독특한 독창력을 인식하게 된다.

린다(Linda)는 우리의 첫 딸이다. 그 애는 사랑스럽고 명랑한 성격을 가지고 이 세상에 태어났다. 그 애는 호기심이 강한 아이로 아주 활동적이었기 때문에 조그마한 우리 가정은 아주 소란해졌다. 두 살이 되자 그 애가 자기 인형들을 지휘하고 동물들을 쓰다듬어서 말을 잘 듣게 하는 천성적인 지도자 노릇을 하는 것이 자주 눈에 띄었다. 그 애의 말로 자신을 표현하는 능력은 어린 나이에 발달되었으며, 그 애는 그것을 종종 사용했다.

그 애는 고쳐 주고 훈련시키는 것에 아주 좋은 반응을 보였고 영적인 것에도 민감했다. 우리가 그 애에 대해 잘 알면 알수록 우리는, 그 애가 다른 사람들에게 사려깊은 배려를 베푸는 것과 지도력과 옳고 그름에 대한 예민함이 있음을 인식하기 시작했다. 만약, 우리가 시간을 들여서라도 그 애를 정말로 알지 못했더라면, 그러한 장점들은 간과되었을 것이며, 격려해 주거나 개발시키지 못했을 것이다. 린다는 참으로 키우기에 즐거운 아이였다.

2년 후에 라리(Larry)가 태어났다. 그는 요란하지 않고 조용하게 우리 가정으로 슬그머니 기어들어 온 것 같았다. 그는 조용한 성품에, 쉽게 만족하기 때문에, 오랫동안 혼자서도 재미있게 놀았다. 물론 그에게는 자기를 즐겁게 해주는 누나가 있었다. 그는 특별히 자기 주장을 내세우지 않았으며 누나가 하자는 대로 따라가는 것으로 만족했다. 두 살이 되자 그는 앉아서 장난감을 관찰하면서 헌 장난감을 가지고 어떻게 새로운 방법으로 노는가를 곰곰이 생각하는 것 같았다. 그가 생각에 잠긴 순간들은 그를 사랑스럽고 조그마한 물건처럼 취급하는 누나의 짓궂은 장난으로 흐트러지곤 했다.

라리는 조용하고 표현이 부족해서 파악하기가 좀 어려웠다. 그를 올바로 개발시키기 위해 시간을 내어 그를 연구하고 아는 일이 얼마나 중요했었는지! 여러 가지 훌륭한 자질들이 간과되고 지나쳐 버릴 뻔했다. 조용한 아이의 내면에는 재능이 숨겨져 있으므로 그것들을 풀어서 올바로 지도해야 했다.

리(Lee)는 라리보다 3년 늦게 태어났다. 그가 이 세상에 온 것은 마치 폭발과도 같았다. 이 사내 아이는 귀여운 아이였고 그를 사랑하는 것은 고양이와 사자를 동시에 사랑하는 것과 같았다. 그는 고양이처럼 야옹거리기도 하고 동시에 사자처럼 으르렁거리기도 했다. 그의 복잡함은 우리에게 도전이 되었지만 여전히 그는 다정하고 사랑스러운 태도로 우리 마음의 줄에 감겨 들고 있었다.

우리는 그가 두 살이 되기 전에 이미 두 가지 특성을 파악했다. 첫째는 그의 강한 의지와 끊임없는 결단력이며, 둘째는 하나님께서 주신 천재적인 머리였다. 아마도 리를 알기 위해 시간을 냈던 것이, 그가 부모에게 반항적인 골칫덩어리가 되는 것을 막고 적응 잘하는 청년이 되게 한 것 같다. 우리가 그의 기분이 변하는 것을 인식하고 알았을 때, 우리는 이해하는 태도로 그를 좀더 잘 도울 수 있었다. 그는 우리의 인내와 훈련을 시험했지만 우리는 민감한 반응을 보였다. 그 아이는 부모인 우리에게 사랑스럽고 도전적인 경험을 가져다 주었다.

4년 뒤에 넷째 아이인 로리(Lori)가 태어났다. 그는 조그마한 여자 아이였다. 그 애는 행복하고, 키득거리며 웃기를 잘하는 생기있는 갓난아기였다. 그 애의 매력은 다른 세 아이의 기질이 이상적으로 어우러진 것에 있었다. 아이들 사이에 싸움이 일어나면 그 애는 화평케 하는 자로 개입하여 평정과 조화를 되찾게 했다. 즐겁게 해주려는 그 아이의 욕망은 너무나 강해서 불순종하는 일은 드물었다. 그 애가 엄격한 훈계를 받은 경우는 몇 번 안 되었다. 엄마나 아빠의 허락하지 않는다는 표정이 훈계의 전부였다.

그 아이의 첫 2년 동안의 세상은 자기 무대였으며, 자신은 바로 그 무대의 주인공이었다. 그 애의 명랑한 생활 태도는 여러 면에서 우리 가족 사이의 따뜻함과 친밀한 교제를 엮어 주는 역할을 했다. 그 애는 모든 면에 개방적이었고 정말로 솔직했기 때문에 로리를 알기란 그리 어렵지 않았다. 로리의 적극적인 생활의 참여로 우리는 그 애의 말에 빨리 귀를 기울일 수 있었는데, 그것은 그 애의 감정이 치솟아 기쁨과 슬픔을 함께 하는 데에 없어서는 안 될 것이었다.

네 아이가 모두 우리의 삶에 구체적인 영향을 끼쳤으며 모두가 우리에게 똑같이 사랑과 귀여움을 받았다. 그러나 그들은 얼마나 다른지! 모두 제각기, 우리가 지금 행복을 느끼는 가족의 결합에 개인적인 재능과 유용한 자질을 제공했다. 그들이 자아내는 여러 가지 기쁨과 슬픔은 그들 자신의 기질에 따라 아이들 하나하나를 맞추어야 하는 법을 우리에게 가르쳐 주었다. 지나치게 민감한 아이가 고집이 세고 의지가 강한 아이와 똑같은 방법으로 다루어져서는 안 된다. 겁이 많은 아이가 대담하고 과감한 아이와 같은 방법으로 취급되어서는 안 된다.

자녀를 바르게 개발시키고 훈련시키기 위해서, 부모들은 자녀들의 어린 시절에 그 기질의 특성을 알아 두는 것이 매우 중요하다. 부모와 자녀 관계에 있어서 그 핵심과 중심은 아이들 하나하나를 알고 이해하는 것에 있다.

3

아이들이 왜 그런 행동을 하나

"조니가 왜 그렇게 행동하는지 이해가 안 돼요. 분명히 그 애는 아빠나 나를 닮지 않은 것 같아요!"

이 말은 자기 아들 조니가 왜 그런 행동을 하는지 이해하지 못해 좌절감을 느낀 어머니가 한 말이다. 그러나 그가 부모나 조부모로부터 받은 유전인자의 구성 때문에 그와 같이 행동한다는 것을 그 어머니가 안다면 도움이 될 것이다. 그 여섯 사람 혹은 더 많은 사람들의 영향이 한 아이의 기질을 형성하는 원인이 된다. 어떤 아이는 부모를 닮았고 어떤 아이는 조부모를 더 닮았으며, 어떤 아이는 여러 사람들의 기질이 혼합되어 있기 때문이다. 그러므로 아무도 닮지 않았다는 것이 뭐가 이상하겠는가?

나의 남편이 쓴 두 권의 책, **성령과 기질**(*Spirit-Controlled Temperament*, 본사 역간)과 **변화된 기질**(*Transformed Temperaments*)은 네 가지 기본적인 기질을 매우 구체적으로 제시해 주고 있다. 그 연구는 계속되어 지난번 내가 쓴 책 **성령 충만한 여인**(*Spirit-Controlled Woman*, 본사 역간)에서 여성에 대해 다루게 되었다. 그리고 그 주제에 대한 가장 최근의 책은 나의 남편이 쓴 **남성의 기질을 이해하기**(*Understanding the Male Temperament*)이다.

당신이 기질에 대해서 완전히 공부하기 위해서는 그러한 저서들을 참고하기 바란다. 그러나 나는 이 책에서 아이들에게서 관찰한 성숙되지 않은 기질에 대해서 논할 것이다.

나는 이 책을 준비하면서 다른 기질과 다른 나이의 자녀를 가진 여러 어머니들과 대화의 시간을 많이 가졌다. 결혼한 내 두 딸 린다(Linda)와 캐시(Kathy)가 나를 도우려고 그들의 자녀들을 관찰하도록 했고 그의 친구들과도 접촉할 수 있도록 도와주었다.

우리가 한 기본적인 관찰은 어린 아이가 두 살이 되어서 어떤 한 기질에 들어맞기 시작할 때까지다. 누구도 한 가지의 기질만으로 형성된 사람은 없다는 것을 기억하기 바란다. 우리는 적어도 두 가지, 때로는 세 가지 기질로 독특하게 복합되어 있다. 우리는 어린 아이의 성숙되지 않은 기질들을 논하게 될 것이다. 그것은 말할 필요도 없이 그가 장차 이룰 인격의 초기 모습이다. 우리는 미완성을 다루고 있기 때문에 자녀를 절대적인 기질의 특성에 가두어서는 안 될 것이다. 성장하고 개발되는 단계에서 그는 어느 정도의 변화를 나타낼 것이다. 억제가 그의 기본적인 특성을 변경시키거나 억압할 수도 있으며, 그가 자신을 발견하는 동안 환경이 큰 영향을 줄 수도 있다. 또는 새로운 동기에 영향을 받아서 일시적인 변화를 일으키기도 할 것이다.

그와 같이 형성되는 시기에 그의 태도는 불안정하다. 그러나 대부분, 그에게 어울리는 기질을 닮을 것이다. 다혈질, 담즙질, 우울질, 점액질의 네 가지 기본적인 기질의 어린이가 나타내는 특성을 살펴보기로 하자.

다혈질의 어린이

다혈질의 어린이는 다정함과 끊임없는 수다로 쉽게 알아볼 수 있다. 낯선 사람은 아무도 없다. 모두가 그의 가장 가까운 친구가 된다. 그는 말을 배우기 전부터 명랑한 기질과 성격으로 많은 말을 한다. 그의 애교있는 미소는 많은 꾸지람을 방지해 주며 그는 다정씨(Mr. Friendly)가 됨으로써 인생을 마치려고 할지도 모른다. 그는 식료품 바구니 뒷자리에 앉아서 상점을 돌아다니는 모든 사람에게 이름을 묻는 그런 아이다.

다혈질은 아이들 틈에서도 말소리가 제일 크고 떠들썩해서 눈에 뜨일 것이다. 그는 흥미를 갖는 간격이 짧아서 나무토막을 쌓았다가, 의자에 올라갔다가, 텔레비전 채널을 돌렸다가, 생각나는 대로 이런저런 말썽을 부린다. 어린 아이일 때에는 그런 것이 귀엽게 여겨지지만, 조금 자라서 중학생쯤 되면 그것은 지겹게 여겨질 것이다. 그렇지만 그런 것은 몸만 커졌지 같은 특성의 같은 기질인 것이다.

보통 다혈질의 어린이는 흉내를 잘 내어 자기 주위 사람들처럼 행동하는 것을 볼 수 있다. 모든 어린이가 무엇인 척하기를 좋아하지만 특히 다혈질은 척하기를 잘해서 인기를 끌 수 있다. 아주 정상적이고 건강한 성격이다.

내 손자 아이 하나가 귀여운 다혈질이다. 그 애는 할머니에게 매우 긴장감을 갖게 한다. 다혈질은 보통 앞뒤를 안 가리고 아무 곳에나 올라가기를 잘하고 먼저 행동하고 나중에 생각하는 아이다. 이 조그마한 녀석이 바로 그랬다. 어느 날 내가 우리집 현관문으로 들어서는데 그가 타일이 깔린 바닥에서 12피이트 높이에 있는 계단을 난간 바깥 쪽으로 올라가고 있는 것이 눈에 뜨였다. 그는 조그마한 손으로 난간을 꼭 잡고 난간 밖의 좁은 계단을 발끝으로 겨우 밟고 올라가고 있었다. 그는 제일 꼭대기 층계를 올라서자 나를 향해 애교있는 미소를 던졌다. 그 아이는 아직 두 살이 안 되어서 말을 많이 할 줄 몰랐지만, 만약 할 줄 알았다면 아마 이렇게 말했을 것이다.

"할머니, 안녕. 내가 한 일 좀 보세요!"

그 순간에는 두려움이 없었고(내 마음속에는 있었지만), 그저 자기가 성취한 일에 대한 미소와 기쁨이 있을 뿐이었다. 내가 그에게 내려와야 한다고 말했을 때야 두려움이 생겼다. 그는 올라간 것과 똑같은 방법으로 내려올 수밖에 없었다. 한 계단을 내려올 때마다 울고불고했지만 나는 격려해 주면서 계속 내려오도록 했다. 다혈질들은 충동적으로 행동하고 나중에 생각하기가 아주 쉽다. 그가 그것을 교훈으로 삼아 다시는 그런 짓을 하지 않았다면 얼마나 좋았을까. 불행하게도, 그는 서너 번은 더 그 짓을 하고 나서야 난간에서 떨어져 있으라는 내 말을 들었다.

나는 이 기질의 아이들이 다른 사람을 매우 기쁘게 해주고 싶어한다는 것을 눈여겨 보았다. 그 다혈질의 내 손자 아이는 "제발"이나 "고맙습니다" 등의 말을 잘 쓴다. 그들은 순종하고 기쁘게 해줄 의향은 있지만 호기심이나 환경의 변화에 휩쓸려 버린다. 그는 계획적인 불순종을 여러 번 했지만 또다시 지난 일은 잊어버리고 당면한 순간에 몰입한다. 그는 지난번에 벌 받은 것을 쉽게 잊어버리며 자기의 불순종이 가져 올 문제를 염두에 두지 않는다.
 그는 심하게 벌을 받은 뒤일지라도 기분이 쉽게 변해서 몇 분 뒤에 노래를 하거나 휘파람을 분다. 담즙질과 다혈질의 두 어린 아이를 말을 안 들었다고 호되게 꾸짖고 울음을 그칠 때까지 각기 제 방으로 보냈을 때, 담즙질의 아이는 15분 내지 20분 동안 계속 울어 대면서 큰 소리로 불평을 했고, 다혈질의 아이는 30초만에 자기 슬픔을 씻어 버리고 뛰어나와 놀았다. 2분 후에 그는 그네에 올라 앉아 하늘 높이 날아오르면서,
 "예수 사랑하심은 거룩하신 말일세"
를 목청껏 뽑아댔다. 20분 뒤에 담즙질의 아이가 자기 방에서 나왔지만, 그는 결코 기분이 좋지 않았다. 그 애는 적어도 한 시간은 축 늘어져서 불평을 했다.

 다혈질의 아이는 혼자 놀기가 어렵다. 그는 너무나 사람 중심이기 때문에 함께 놀아 줄 형제나 자매나 이웃이 있어야 한다는 것은 그에게 매우 중요한 일이다. 그는 새 친구를 얻기 위해서 자신과 소유물을 나누어 주기를 아주 좋아한다. 그의 사랑이 많은 천성은, 어떤 것이 그를 가로막을 때 즉시 분노로 바뀔 수 있다. 그는 마치 화산이 터지는 것처럼 분노를 터뜨리지만 쉽게 사과하고 용서를 구한다. 그는 운동장에서 놀다가 "미안해, 그렇게 하려고 했던 건 아니어"라고 소리치는 그러한 어린이다. 그의 감정은 금방 웃었다가 금방 눈물을 흘리고 그러다가 금방 웃을 만큼 기복이 심하다.
 기분이 빨리 변하기 때문에 그는 실망에도 쉽게 순응하여 최고의 상황을 만들 수 있다. 나는 한 다혈질의 십대 소녀가 고등학교에 다니는 동안, 우울질이었으면 죽기라도 했을 만한 계속적인 실망을 견뎌내는 것을 지켜 보았다. 한 번 실망할 때마다 그녀는 감정적으로 저조되었지만 매번 아름답고 기뻐하는 심령으로 회복하

곤 했다. 그녀에게는 스스로를 자기 연민에 빠지게 하지 않고 그녀가 감사할 수 있는 것을 바라보도록 격려해 주는 부모님이 계셨다. 이 기질의 위험성은 실망한 뒤에 낙담하여 떠내려가다가 절망의 상태로 남게 되는 것에 있다.

다혈질은 그의 불안정한 기질 때문에 학교 성적이 좋은 예가 드물다. 그에게 능력이 있을런지 모르지만, 그의 훈련되지 않고 약한 의지의 성품은 공부하기 위해 필요한 좋은 습관을 가지는 데에 방해가 될 것이다. 만약 그가 생의 모든 면에서 자신을 훈련하고 성령께서 그의 커다란 잠재력을 이용하시도록 허용하는 것을 배운다면, 그는 그것을 극복할 수 있다.

사랑이 있는 안정된 가정에서 성장하지 못할 때, 이와 같은 태평하고 낙천적인 기질은 형성되기 어려울 것이다. 그는 다른 사람들, 특히 가족들에 의해 사랑받고 받아들여져야 한다. 그의 부모가 말다툼이 잦고 불행할 때, 그의 심령은 시무룩하고 소극적인 모습으로 나타날 것이다. 모든 기질들이 올바르게 자라기 위해서는 사랑이 있는 안정된 가정 안에서 성장해야 한다는 것이 얼마나 중요한 일인지 모른다!

다혈질은 영적인 것에 반응을 보일 것이다. 그는 동정심 있는 마음씨를 가졌으며 자기를 사랑하는 사람에게 반응을 보인다. 하나님은 그를 사랑하시며 예수님은 그를 위해 죽으셨다는 것을 들을 때, 이 민감한 다혈질은 즉시 마음속으로 반응을 보일 것이다. 그는 확고한 신념없이 따르기 때문에 그리스도와의 교제 안에서 행했다가, 밖에서 행했다가 할지 모른다. 그러나 그는 대개 기꺼이 회개하고 다시 시작한다. 복음에 접한 대부분의 다혈질 어린이들은 어린 나이에 그리스도를 영접한다. 그들이 청소년 시기를 지날 때 그들에게 올바로 지시해 줄 꼼꼼한 지침이 필요하다.

담즙질의 어린이

아주 어릴 때 파악할 수 있는 기질은 아마 담즙질일 것이다. 그는 두 살이면 독립심을 개발시키며, 다른 아이들이 훨씬 늦게까지도 시도하지 않을 것들을 혼자 해보려고 든다. 그것은 혼자 음식을 먹는다든지 신발을 신으려고 한다든지 자전거를 타려고 한다든지 하는 그런 것들을 포함시킬 수 있다.

담즙질의 어린이는 자부심이 아주 강해서 유모차에서 내려 혼자 올라가려고 하거나, 또 잡지 못하게 하고 마구 상점을 걸어 다니려고 고집한다. 조용하고 고집스럽게 말을 안 듣는 점액질과는 달리, 담즙질은 큰소리로 화를 내며 자기의 불만을 터뜨리고 나서 보란듯이 밀고 나간다. 담즙질은 강한 의지와 결단력으로 쉽게 인식할 수 있다. 부모가 그 강한 의지를 어렸을 때 깨뜨린다면 영적 성장에 방해가 되지는 않을 것이다.

열아홉 명의 자녀를 둔 수잔나 웨슬리(Suzanna Wesley) 부인은
"자기 의지가 강한 아이는 두 살이 되기 전에 그것을 깨뜨려서 복종시켜야 한다"
고 말했다. 그 부인의 두 아들은 하나님의 사역으로 대영제국과 북아메리카 두 대륙을 흔들어 놓았으니, 그녀는 효력이 있는 열쇠를 발견했음이 틀림없다.

깨뜨려야 할 것은 의지이지 담즙질의 정신이 아니다. 전적으로

하나님께 복종할 강한 의지를 가진 청년은, 그 시대의 유혹을 이기고 서는 데에 그 특성이 장점이 되어 크게 도움이 될 것이다. 그는 추종자가 되기보다는 큰 영향력을 가진 지도자가 될 잠재력을 가지고 있다.

어른과 마찬가지로 담즙질의 어린이도 활동적이며 강력한 지도력을 가졌다. 담즙질의 내 딸 아이도 이웃 어린이들 사이에서 뛰어난 지도자였다. 어떤 아이는 내 딸보다 나이가 더 많았지만, 나이에 영향을 받지 않았다. 그 애는 모래 장난이나 줄넘기 시합, 또한 가족의 설거지 당번표를 만들고 이끌 수 있었다. 그것은 하나님께서 그 아이에게 주신 천성적인 은사였다. 그애가 만약 자기의 지배적인 정신을 주님께 맡겨서 주님의 영광을 위해 사용하도록 하지 않았다면, 그 애는 교만한 사람이자 형편없는 아내가 되었을 것이다. 그 애는 여전히 지도력의 은사를 가지고 있지만, 지금은 젊은 부인이 되어 하나님과 남편에게 순복하는 성령 충만한 아내로서 아름다운 본보기가 되고 있다. 주님께서 그 애 안에 그 은사를 예리하게 해 놓으셨지만 거친 모서리를 원만하게 하셨고, 그 애를 효율적으로 지도력을 발휘하여 하나님을 기쁘시게 할 수 있는 영역에다 놓으셨다. 주님은 그녀가 그 은사를 사용하기를 원하신다. 그러나 그것은 성령에 의해 지배를 받아야만 한다.

이 기질이 종종 겉으로 드러내는 특징 중의 하나는 무뚝뚝하고 빈정거리는 말투이다. 담즙질은 자부심이 강하고 사람을 기쁘게 하는 데에 항상 관심이 있는 것은 아니기 때문에, 비록 그것이 상처를 입히거나 화나게 하는 것이라 할지라도 자기가 생각한 것을 말해 버린다. 어린 아이들은 억제하지 않기 때문에 자연히 정직하고 직선적이다. 그러나 담즙질의 어린이는 정직할 뿐만 아니라 잔인할 정도다. 그는 당신이 어느 정도까지 자기를 놓아 두는지 시험해 볼 것이다.

아이들이 왜 그런 행동을 하나/31

내 손녀 중 한 아이가 어느 날 내게 불순종하면서 나의 권위를 시험했다.
"할머니는 우리 엄마가 아니니까 나는 할머니말을 들을 필요가 없어요!"
나는 그 말을 개인적으로 받아들이지도 않았고 화를 내지도 않았다. 나는 이 어린 담즙질이 단순히 나를 시험하고 있으며, 그 애가 내게 맡겨졌을 때는 내 말을 들어야 한다는 것을 증명해 주어야 한다는 사실을 알고 있었다. 그 애는 지금 내 권위를 존중하고 있고 우리는 사랑의 관계를 가지고 있다. 그러므로 나는 그 때 내가 성공했다고 믿는다. 그런 관계를 이루기까지는 대결이 필요했으며 그 애의 의지를 깨뜨릴 필요가 있었다.
담즙질인 두 어린이가 함께 놀면 곧 싸움판이 벌어지리라는 것은 분명한 사실이다. 이 기질은 우두머리가 되어야만 하는데, 우두머리 자리는 하나뿐이니까 자기가 지배할 수 있는 다른 기질에게 끌리는 경향이 있다.

크리스마스 휴가 중 어느 날, 내 손자들을 돌보고 있는 동안, 나는 기질이 다른 아이들이 똑같은 상황에서 어떤 다른 반응을 보이는가를 지켜 보았다. 우리 집에 있는 크리스마스 트리에는 감상적인 가치가 있는 장식품들이 매달려 있었지만, 나는 아이들이 그것을 가지고 노는 것을 원치 않았다. 그것이 아이들의 손에 닿는다는 것을 알게 되면 세 아이가 모두 거기에 관심을 둘 것이기 때문에 그것을 좀더 높이 매달아 놓고 그것보다 조금 못한 것들을 주어 가지고 놀게 했다.
다혈질의 어린이는 새 물건에도 똑같은 관심을 가지고 진짜 장식품 못지않게 잘 가지고 놀았다. 점액질의 어린이는 그것을 조심스럽게 들여다보더니 뒤로 물러서서 다른 아이들이 어떻게 하나 보고 있었다. 담즙질은 달랐다! 그 애는 대신 내준 장난감은 갖지 않고 먼저 것을 달라고 큰 소리로 떠들썩하게 굴었다. 나는, 그것은 특별한 것이므로 바라보기만 해야지 만져서는 안 되며, 나중에 준 것만 그들이 가지고 놀 수 있는 것이라고 설명했다. 그런데도 그 고집쟁이 아이는 순식간에 나무 밑에 의자를 갖다 놓더니 그 장식품을 잡으려고 막 손을 뻗쳤으므로 나는 그 애를 꽉 잡았다.

그 상황과 불순종을 다루고 난 뒤에, 나는 그 유혹의 대상을 치우고, 그 장식품을 아이들이 다 떠날 때까지 벽장 속에 있는 높은 선반 위에 올려 놓기로 했다. 한참 뒤에 내가 방에 들어가 보니 그 담즙질의 아이가 의자를 끌어다 놓고 만지지 못하게 한 장식품을 잡으려고 발돋움하고 있었다. 그와 같은 결단력은 권위에 순종하고 창조적이며 유익한 목표로 지향될 때에만 훌륭한 특성이 되는 것이다.

담즙질의 어린이에게는 분명한 책임 한계와 지도력이 발휘될 영역이 있어야만 한다. 이 선천적인 특징을 개발시키기 위해서는 부모의 주의깊은 관찰과 사랑이 넘치는 지도가 매우 필요하다. 책임의 정도는 어린이가 나이가 들고 성장함에 따라 증가되어야 한다.

담즙질의 어린이는 활동적이므로 책임있는 일을 맡김으로써 가장 잘 조정되고 지도될 수 있다. 나는 담즙질의 청소년이 고등학생들의 모임을 완전히 책임지고 지도력을 발휘하는 것을 본 적이 있다. 그는 도전을 받아들이고 그 행사를 맡아 위원회를 선정해서 조직하고, 아주 빠른 속도로 진행해 나갔다. 불행하게도 준비위원들이 모두 담즙질이 아니어서 그와 똑같은 추진력과 결단력을 가지고 있지 않았다. 그는 어려운 지도자가 되어 비합리적인 요구를 하는 경향이 있기 때문에 다른 기질들은 그와 함께 일하기가 어려웠다. 다른 사람들이 자기 일을 충분히 해내지 못하면 그 젊은 담즙질은 그들을 질책하며, 그들의 부적합에 대한 자기 감정을 노출시키고, 그들이 끝맺지 못한 일을 끄집어 내서 자기가 해치웠다. 그럼에도 불구하고 그가 자기 목표를 어떻게 이룩했느냐와는 상관없이 그 결과는 아주 성공적이었다. 그가 배울 필요가 있었던 것은 남을 어떻게 인도하며, 그들이 맡은 바를 수행하도록 어떻게 동기를 부여해 주느냐는 것이었다. 그것은 오직 경험과 성숙으로부터만 오는 것이다.

담즙질의 어린이는 늦어도 12살까지는 주님께 인도되어야만 한다. 그렇지 않으면 나중에 그리스도를 위해 결단할 기회가 아주 희미해진다. 그는 그 전까지는 영적인 것에 아주 민감하다. 아마도 그것은 자부심이 강하고 자기 만족에 빠지는 천성적인 특성 때문인 것 같다. 그러나 중학생이 된 후 그의 신념은 성숙해지고 하나님 아버지가 필요하다고는 거의 느끼지 않게 된다. 그는 천성적으로 의뢰하는 자가 아니므로, 성령의 도움과 인도하심을 의뢰하는 것이 어렵다. 그의 좌우명은 "내가 혼자 할 수 있다"는 것이다.

우울질의 어린이

이 기질은 재능이 가장 많고, 조그마한 보따리 속에 모든 것을 싸 두고 있는 우울증이 가장 깊은 기질이다. 하나님은 그에게 빛나는 지성과 창조적이고 깊은 사색가가 될

수 있는 능력을 부여하셨다. 그의 민감하고 예술적인 기질은 다른 사람들에 대한 그의 태도나 그에 대한 다른 사람들의 태도가 어떠하리라는 생각으로 종종 영향을 받는다. 그는 다른 사람들이 자기를 좋아하지 않는다고 믿음으로써 감정이 상하거나 열등감을 느끼기가 쉽다. 그가 어느 다른 기질보다도 가장 큰 재능을 지녔을지라도, 그는 열등 의식이라는 착각으로 고통을 받는다. 우울질 어린이의 부모는 특별히 이 문제를 잘 고려해야 한다. 그의 예민한 성격과 완전주의 때문에 그는 비판하는 능력을 상실하고 열등 의식 가운데 깊이 가라앉아 버리기 때문이다.

이 어린이는 두 살까지 큰 원인도 없이 갑자기 기분이 달라지는 것으로 자기의 기질을 나타낸다. 그의 기분이 극단적인 것은 다음 장에서 논하게 될 이차적인 기질에 의해 결정될 것이다. 그는 부루퉁하고 조용하게 앉아 고독감을 즐기고 있다가 잠시 후에는 다혈질처럼 개방적이고 적극적이며 활동적이 된다.

그는 가상적인 환상의 세계 속에 삶으로써 현실에서 도피하는 것을 배우게 되기 쉽다. 현명한 부모는 현실과 거기에 동반되는 모든 결과에 직면하도록 그를 인도할 것이다.

조니라는 아이가 거듭해서,

"내가 안 했어요, 토미가 했어요"

라고 말하는데 그 토미는 가상적인 친구다. 그러니 조니는 자기가 토미 뒤에 숨을 수 없음을 배워야 한다. 그는 "내가 했어요"라고 자백하는 현실에 직면해야 한다. 너무나 많은 조니 같은 아이들이 성장한 후에도 자기 잘못을 자백하며 그 결과에 직면하려 하지 않고 제 실수나 불순종을 다른 사람에게 전가시킨다.

우울질의 어린이에게는 많은 잠재력이 있지만, 그 잠재력을 개발하기 위해서는 아주 많은 도움과 이해가 필요하다! 제멋대로 버려 두면 그는 틀림없이 우울하고 염세적이며 자기 연민에 빠지는 사람이 될 것이다. 다행히 하나님은 그러한 아이들에게 부모를 주셔서 그들이 우울 대신 기뻐하고 감사하도록, 부정적인 태도 대신 온전하고 긍정적인 태도를 갖도록, 자기 연민 대신 찬양의 정신을 갖도록 가르치게 하셨다.

이 기질의 대부분의 약점을 갖고 있던 우울질의 소년이 비판적인 정신을 가진 불평쟁이로 발전하는 것을 우리는 지켜 보았다. 어느 날 그의 부모는 어떻게든 고쳐야 한다는 것을 깨닫고, 기도하는 마음으로 그에게 접근하여 공개적으로 그것을 논의했다. 그들은 그를 도와주려는 노력으로 그의 부정적이거나 비판적인 말을 다시는 용납하지 않기로 결정했다. 그들은 그의 주의를 환기시켜서 긍정적이고 감사하는 말로 대치하도록 했을 것이다. 그들은 만약 그가 어떤 문제에 대해서 좋고 칭찬할 만한 말을 할 수 없으면, 잠자코 있는 것을 배우기를 원했다. 8년 내지 10년 뒤의 그 소년을 지켜 보는 일은 흥미있는 일이었다. 그는 새로운 정신을 가졌고 그것 때문에 훨씬 더 행복해 보였다.

내 친구 하나가, 여름에 몇 주일간 집을 떠나 있는 딸로부터 수통의 편지를 받았다. 그 친구는 나에게 그 편지를 보여 주었다. 편지에는 소녀가 직면하고 있는 문제와 실망으로 가득 차 있었다. 나는 그 소녀가 아주 재미없는 시간을 보내고 있으며 일어날 만한 어려운 일을 다 겪고 있다고 생각했다. 그 소녀가 돌아왔을 때, 우리는 함께 시간을 보내면서 그와 같이 비참한 경험을 해서 참 안됐다고 말했다. 그 말에 그 소녀는 어리둥절해져서 얼른, 자기는 인생의 좋은 경험을 했다고 말했다. 그 소녀는 편지에 문제만 적었고 자기가 가졌던 굉장한 시간들은 언급하지 않았던 것이다.

부정주의는 우리가 빠져 들기 쉬운 습관으로서, 그것은 우리가 아직 젊고 유연하여 변화될 수 있을 때가 깨뜨리기에 가장 좋다.

우울질이 재능은 가장 많지만, 가장 늦게 그것을 인식하게 된다. 그는 빈약한 자화상을 가지고 있으며 실패와 무능력의 여러 가지 감정을 지니고 있다. 부모들은 그가 아주 어릴 때 하나님께서 그에게 주신 재능과 능력이 무엇인가를 알게 하고 그것으로 인해 하나님께 감사하는 것을 배우도록 도와주기 시작해야 한다.

이 기질의 어린이는 아주 높은 목표를 세워 놓고 거기에 도달하지 못하면 몹시 낙담한다. 그가 시험에서 "A"학점을 받지 못하면, 자기는 그 과목에 낙제했다고 생각하며 몹시 낙담한다. 그는 자기가 만든 모형 비행기가 상자에 있는 그림보다 더 좋아 보이지 않으면 자기는 실패했다고 생각한다. 우울질의 소녀는 자기가 만든 과자가 자기 어머니가 만든 것과 맛이 똑같지 않으면 자기는 과자를 구울 줄 모른다고 생각한다. 그는 지나치게 고지식하기 때문에 모든 것이 거의 완벽해야 한다. 그러한 경향은 그에게 글씨도 깨끗하고 보기에도 좋은 매우 훌륭한 논문이나 보고서를 작성하게 한다.

내 딸 아이는 우울질의 사랑스러운 친구와 함께 학교 생활을 했다. 그 소녀는 그 기질의 장점을 많이 가지고 있었다. 소녀는 영적으로 성장했기 때문에 약점들은 그리 두드러지게 나타나지 않았다. 이 두 소녀는 국민학교와 중고등학교에서 줄곧 가장 친한 친구였다. 다른 친구들은 해가 지나면 바뀌었지만, 그 둘은 변함없는 충실한 친구로 남아 있었다. 나는 그들의 우정이 오랜 시간을 통해 거듭 시험되는 것을 보아 왔는데, 잠시 흔들리는 것 같다가는 다시 충실하고 성실한 친구가 되곤 했다. 우울질의 가장 감탄할 만한 특성은 매우 충실한 친구라는 점이다. 이제 그 두 소녀는 서로 다른 대학에 다니므로 2천 마일이나 떨어져 있지만, 그 두 친구 사이의 편지 왕래는 지금까지도 아주 빈번하다. 나는 우리 딸 아이가 그처럼 아름답고 변함없는 친구를 가지게 된 것을 다행이라고 생각한다.

 우울질의 청년은 가족 가운데서 결혼을 가장 마지막에 하게 된다. 남자든 여자든 상관없이 그의 기준에 맞는 완전하고 이상적인 인생의 반려자를 발견하기는 어려울 것이다. 어떤 사람은 자기의 배우자가 될 사람이 완전치 않다는 것을 이유로 거의 마지막 순간에 결혼을 포기했다고 한다. 이와 같이 결혼식 직전이라도 마음을 바꾸는 것이 결혼 후에 그렇게 하는 것보다 낫기는 하지만, 때때로 그와 같이 막중한 결정을 내리기를 두려워하는 것은 결혼을 못하게 만들기도 한다. 다른 여러 어머니와 함께 우울질 어린이에 대해서 논의한 뒤에 나는 한 가지 강력한 결론을 끄집어냈다. 우울질의 자녀를 가진 부모들은 어떻게 그들을 키워야 할지에 대해서 거의 합의점을 찾지 못한다는 것이다. 많은 사람들이 그들의 결혼 생활 가운데 자녀를 키우면서 부딪치는 가장 심한 충돌은, 우울질의 자녀를 어떻게 훈련시키느냐는 것이라고 말했다.

 한 어머니는, 22년간의 단란했던 결혼 생활에 그들 부부의 우울질 자녀에 관한 의견의 차이로 인해 비판적인 자세와 적대감이 생기게 되었다고 말했다. 그녀는 그렇게 민감한 아이에게 지나치게 거칠고 무감각하게 대한다고 남편을 비난했고, 남편은 그녀의 지나친 보호로 그 아이가 망쳐지고 있다고 생각했다. 그는 자신이 그 아이를 훈련시키려고 할 때마다 아내가 승인하지 않는 것 같았던 것이다. 그녀의 말에 의하면 사실 그랬다.

 또 다른 경우에는, 어머니가 지나치게 거칠고 아버지 쪽이 보호자가 된다. 주로 외향적인 부모가 우울질의 자녀에게 거칠고 무감각하다는 비난을 받는 것 같다. 내성적인 부모는 보호의 날개 아래로 그를 끌어당기는 경향이 있다.

 이 기질의 장점 가운데 하나는 재능과 창조력에서 뛰어나고, 동료들보다 탁월하게 될 잠재력을 가지고 있다는 것이다. 그러나 그는 또한 약점 가운데 하나로 강한 열등 의식과 염세주의를 가지고 있어 동료들 밑에 가라앉을 수도 있다는 것이다. 이런 것으로 미루어 볼 때 우울질은, 가장 큰 장점과 가장 나쁜 약점을 가지고 있기 때문에 중간이 되는 일이 드물다는 결론이 나온다.

점액질의 어린이

기를 때 가장 재미있는 아이는 점액질이 현저한 아이일 것이다. 그는 천성적으로 조용하고 태평하며 잠잠하기 때문이다. 그런 아기는 보통 유아용 침대에 누워서 그저 천정의 사방을 바라보면서 만족하고 즐거워하는 아기다. 그는 어머니의 시간과 주의를 요구하지 않기 때문에 어머니는 조용함으로 말미암아 아기에게 필요한, 얼러 주고 함께 놀아 주는 것을 소홀히 하는 잘못을 범할 수가 있다.

그는 유아기에서 영아기로 자람에 있어서 말을 늦게 배울 수도 있다. 그의 지능이 낮아서가 아니라 다만 감정을 표현하지 않고 그저 생의 방관자가 되기 때문이다. 특히 누군가가 자기에 대한 말을 해준다고 느낄 때 그렇다.

"무엇 때문에 무리한 노력을 하겠는가?"가 그의 좌우명이다.

최근에 나는 점액질인 내 손자 아이에게 그의 강아지 이름이 무엇이냐고 물었다. 그가 대답하려고 입술을 움직이려 할 때 담즙질인 손녀 아이가 얼른 대답하고는 다른 곳으로 화제를 돌리고 말았다.

또 그는 음식 먹는 것이 느리며, 자기 접시에 늘어 놓는 것을 즐긴다. 먹기 위해서 사는 것처럼 보이는 다혈질과는 달리(그가 오랫동안 먹기 위해 잠잠할 수 있다면), 점액질은 그것이 정말 자기가 즐기는 음식이 아니면 먹는 것에 그리 관심을 두지 않는다.

한 어머니가, 저녁 식사가 느린 자신의 점액질 아이에 대해서 내게 이야기해 주었다. 식사가 시작될 때부터 각자의 접시에 후식을 담아 두었다고 한다. 점액질의 아이는 식사시간 내내 천천히 식사하면서 제일 마지막까지 식탁에 남아 있었다. 그는 식사를 마치고 다 먹었다고 생각하면서 식탁을 떠났다. 그 다음날에야 그는 자기가 후식을 먹지 않았다는 것을 기억했다. 그러나 그것은 식탁에 남아 있지 않았다. 다혈질인 형이, 동생이 먹지 않고 가는 것을 오랫동안 기다렸다가 마침내 그가 보지 않을 때 자기가 먹어 버렸다고 고백했다. 느림보 "점액질"의 성격은 배고픈 다혈질이 대신 먹게 만들기에 충분하다!

이 기질은 내성적이기 때문에 특히 어렸을 때는 그의 약점들이 그리 쉽사리 보이지 않는다. 그의 가장 큰 문제는 동기의 결핍이다. 그가 어린 시절에는 그것을 피할 수 있다. 그러나 장난감을 치우라든가, 옷을 걸어 놓으라든가, 혹은 소꿉장난을 그만두라고 하는 지시를 그가 무시하려고 드는 것이 눈에 뜨일 것이다.

점액질의 또 다른 약점은 그의 인색함과 이기심이다. 대부분의 어린이들은 자기 물건을 다른 아이들과 나누는 데 문제를 가지고 있지만, 점액질은 자라서도 그것에서 벗어나지 못하는 경향이 있다. 다른 기질을 가진 아이들이 소유물을 나누고 너그러워지기 시작할 때 그는 자기 것을 모아서 보호하고 소유하려 한다.

　나는 어떤 집에 초대를 받아 갔는데, 그 집에는 3살, 4살, 6살의 세 자녀가 있었다. 그리고 그 또래의 아이들이 두 명 더 오게 되어 있었다. 그 세 아이들이 거실에 앉아 즐겁게 나무토막 쌓기를 하고 있을 때 벨소리가 울렸다. 부모가 두 친구들이 왔다고 말했다. 3살짜리 다혈질의 아이가 두 손에 쥘 수 있는 대로 많은 장난감을 쥐고 찾아온 아이들과 나누려고 문으로 달려가는 것을 보았다. 그러는 동안 4살짜리 점액질은 허리를 굽혀서 남아 있는 장난감을 주워 모아 자기 주머니에도 넣고 스웨터 속에도 집어 넣어 감추기 시작했다. 손님들이 방에 들어왔을 때 그의 주머니는 불룩하고 스웨터도 불쑥 튀어나와서 마치 속을 너무 많이 넣은 장난감 곰처럼 보였다. 그는 그 침입자들과 장난감을 나누지 않으려고 했던 것이다.

　점액질의 아이는 음식점으로 데리고 가기가 제일 쉬운 기질이다. 그는 먹는 데 그렇게 잘 몰입하지는 않지만 자기 주위에서 일어나는 일을 구경하는 데 열중하게 된다. 교회에 데리고 가도 마찬가지다. 모든 교회에는 어린애를 돌보는 사람들이 따로 있지 않다. 최근에 나는 예배 시간에 뒷자리에 앉아서 자기 부모들과 함께 앉아 있는 두 어린이를 지켜 보았다. 분명히 담즙질이고 다혈질인 것 같은 한 아이가 의자 끝에 앉아 있는 부모에게 예배 시간 동안 계속 자기에게 주의를 쏟아 달라고 요구하고 있었다. 결국 포기해 버린 어머니가 그 애를 안고 문 밖으로 나가 버렸다. 어머니가 지나갈 때 나는 그 아이의 반짝거리는 눈빛에서 크고 분명한 말을 들을 수 있었다.

　"드디어 엄마가 나를 데리고 나가는군!"
　같은 줄에 그 애와 같은 나이의 여자 아이를 데리고 있는 또 다른 부부가 있었다. 그 어린 소녀는 아빠 무릎 위에 앉아서 아기

머리빗에 온통 정신을 빼앗기고 있었다. 그 애는 머리빗에 있는 빗살 하나하나를 조심스럽게 조사하고 나서 자기 머리를 이리 저리 빗어 보고 있었다. 그 부모는 설교에 열심히 귀를 기울이고 있어서 그 아이에게는 별로 신경을 쓰지 않았다. 왜 그렇게 다를까? 한 애는 아주 조용하고 잠잠한 점액질이고 한 아이는 활동적이고 고집 센 담즙질이었던 것이다.

점액질이 누릴 수 있는 가장 큰 즐거움 중에 하나는 성공적으로 놀려 주는 것이다. 놀려 주는 것은 즐거운 소일거리가 될 수 있으며 자기를 괴롭히는 사람에 대한 보복 수단이 될 수도 있다. 그는 장기전을 쓰기 때문에 그를 괴롭히던 사람은 결국 화를 내거나 포기하게 된다. 내 아들은 자기 누나가 쉽게 겁을 낸다는 것을 알고 있었다. 그는 자기 누나가 세탁기와 건조기 소리 때문에 그가 들어오는 것을 듣지 못하고 빨래를 계속할 때 누나에게 살짝 기어 들어 가는 것을 무엇보다 즐거워했다. 그는 누나 뒤에 서서 갑자기 큰 소리를 지른다. 딸 아이는 너무나 놀라서 펄쩍 뛰다시피하며 울음을 터뜨릴 때도 많았다. 지금은 그 이야기를 하며 둘 다 웃어 대지만 수년 전까지만 해도 그의 장난은 우리 딸아이에게 있어서 정말 두통거리였다.

이 기질의 아이가 십대에 들어서면, 자기에게 사회적으로나 영적으로 도움이 될 자기 동료들 그룹이나 활동에 참여하려 하지 않을 수도 있다. 그에게 방관자가 아닌 참여자가 되도록 격려해 주어야 한다. 그는 사회에 기여할 많은 자질을 가지고 있으므로 그 곳에 참여하도록 부드럽게 밀어 주어야 할 것이다. 성장의 시기에 책임감을 배워서 어른이 되었을 때 자유를 얻도록 하는 것이 점액질에게는 대단히 중요한 일이다.

4
어린이의 12가지 기질

   3장을 읽고 나서 당신은 당신의 자녀가 어떤 기질인가를 찾아내기가 좀 어려웠을 것이다. 그것은 어느 한 사람도 한 가지 기질에만 정확히 들어맞지는 않기 때문이다. 우리는 모두 적어도 두 가지 이상의 기질을 가지고 있다. 그래서 이 장에서는 가장 혼한 12가지 기질을 논해 보려고 한다. 대부분의 부모들은 기본적인 네 가지 기질보다는 12가지 중에서 자기 자녀의 기질을 찾아내기가 더 쉬울 것이다.
   모든 기질이 정확히 똑같은 비율로 되어 있지는 않다. 75퍼센트의 다혈질과 25퍼센트의 담즙질인 어린이를 "다혈담즙질"이라 부르는데, 80퍼센트의 담즙질과 20퍼센트의 다혈질인 "담즙다혈질"의 어린이와는 상당히 다를 것이다. 다음 페이지에서 기질들을 분류할 때, 가장 많이 차지한 기질을 60퍼센트, 두번째 기질을 40퍼센트의 비율로 사용했다. 열 두 가지 기질의 범위내에서 가능한 모든 혼합 비율을 한 장에서 다 열거하기란 불가능한 일이지만, 60-40퍼센트 혼합 비율에 대한 간단한 설명으로 기본적인 특성을 제시할 수 있을 것이다. 이 새로운 지식으로 당신은 당신 자신의 비율을 좀더 자세히 분류시킬 수 있을 것이다.

다혈담즙질

이 기질은 각각 그 자체가 외향적이기 때문에 두 가지가 혼합되면 아주 강한 외향성이 된다. 다혈질의 열성이 담즙질의 특성인 추진력과 혼합되어 완전히 다혈질인 사람보다 더 생산적인 사람이 된다. 담즙질의 영향으로, 그는 보통 가질 수 있는 것보다 더 단호한 결단력을 갖게 된다. 다혈담즙질은 무엇을 하든지 활동과 흥분이 따른다. 만약 아무것도 없으면 그는 갖게 될 때까지 밀고 갈 것이다.

그는 운동 경기를 굉장히 좋아하지만 관람자가 아니라 경기자가 되어야 한다. 불행히도 그가 선수가 되지 못했을 때는 아마 응원석에서 가장 떠들썩한 사람이 될 것이다. 남자들의 운동경기라서 끼지 못한 소녀는 응원대장이나, 훈련팀이나, 깃발 부대 등 그 열정으로 뛰어들 수 있는 어떤 다른 활동에 끼게 될 것이다.

다혈담즙질은 대부분 굉장히 말이 많아서 필요 이상으로 이야기하고 말한다. 자기 자신에 대해서뿐만 아니라 자기 부모나 친구들에 관해서도 계속해서 이야기함으로써 자기 약점을 드러낸다. 따라서 그는 이야기를 적게 하고 끝내는 편이 더 나을 것이다. 학교에서는 집에서 일어난 일을 모두 이야기한다. 부모가 그의 담임 선생님을 처음 만났을 때, 그 선생님이 그들을 머리가 둘 달린 사람처럼 바라보는 것은 당연한 일이다. 보통 그는 생각하기 전에 말하며, 주제에 상관없이 권위를 가지고 말한다.

 이 억제되지 않은 아이는 대단한 자아를 가지고 있다. 그러므로 그는 자기 또래의 친구들과 오랫동안 지내지 못한다. 다른 친구들이 자기에게 저항하는 것을 느끼면 그는 더 강해져서 그들이 더욱 저항을 느끼도록 만든다. 그는 자기 그룹에서 사랑스럽고 재미있는 것을 좋아하는 자가 되거나 위험을 느낄 때는 불쾌해 하고 싫증내는 자가 될 것이다.
 화를 내는 것이 다혈담즙질이 주의해야 할 중요한 문제 중의 하나다. 그가 방해를 받을 때, 그의 분노는 즉시 극도에 달해서 그것을 누구에게나 폭발해 버린다.
 그가 존경받을 만한 가치가 없는 때를 지적하기는 쉽다. 즉 그가 입을 벌리고 있을 때다.

 다혈담즙질은 잘못을 쉽게 회개하지만, 그는 잠깐 동안이라도 부모를 속일 수 없다는 것과 마땅히 받아야 할 벌을 면키 위해 즉시 사과하는 버릇을 없애야 한다는 가르침을 받아야 한다. 그는 화를 냈다가 4초 안에 회개의 눈물을 흘리는 천성적인 "가짜 예술가"다. 그는 재빠르고 쉬운 회개와 행동에 있어서의 긍정적인 변화는 서로 다르다는 것을 배워야 한다.
 다혈담즙질에게 벌을 줄 필요가 있을 때는 그의 방에 앉혀 두는 것이 종아리를 때리는 것보다 더 효과적인 것임을 알게 될 것이다. 그들은 너무나 불안정하기 때문에 빨리 매를 맞고 끝낸 다음 바깥에 나가서 자기 할 일을 하는 편을 훨씬 좋게 생각할 것이기 때문이다.
 다혈담즙질의 자녀를 둔 부모는 그가 자기 잘못에 직면하도록 내버려 두었다가 자신의 실수와 죄에 대해 완전히 책임을 지도록 가르칠 필요가 있다. 그는 자신의 이익이나 목표보다 남을 생각해 주는 것이 우선이어야 하며, 생활 환경이 언제나 그를 중심으로 되지 않는다는 사실을 배워야 한다. 그는 대부분 제멋대로 하지 못했을 때 화를 내므로 그에게 양보하지 않고 그의 성격에 만족을 주지 않음으로써 도움을 줄 수 있다. 그의 부모는 아주 어릴 때부터 그가 일관성 있는 습관을 갖도록 도와주며, 끝까지 해내는 것과 자제력을 기르도록 도와주어야 한다. 그렇지 않으면 그는 자라면서 여러 가지 타고난 재능을 잃어버릴 것이다.

아마 그에게 가장 필요한 것은, 그가 시작한 것은 끝내는 것을 배우는 일이다. 다혈질은 자기가 끝낼 수 있는 능력보다 더 많은 것을 시작하는 경향이 있다. 담즙질을 어느 정도 가진 것이, 다혈 담즙질의 이런 점을 도울 것이다. 그러나 그는 결코 자기가 완성시킬 수 있는 것 이상을 시작하지 말아야 한다. 많은 다혈질들이 단복을 입는 것으로 소년단에 큰 흥미를 갖게 되지만, 일을 해야 할 때가 되면 곧 흥미를 잃어버린다. 이 점에 대한 훈련은 어릴 때 시작해야 한다. 어린 아이가 장난감 상자를 꺼냈을 때 그것을 챙겨서 제자리에 놓기 전에는 다른 것을 가지고 노는 것을 허락하지 말아야 한다. 어릴 때에는 부모가 도와주어야 하겠지만 그렇게 해서, 적어도 어린아이가 장난감을 상자에 담을 수 있도록 해야 한다.

집안을 정돈할 때 그가 도움이 되는 것보다 훨씬 더 중요한 것은, 그의 인격을 세우고 자제력을 갖는 데 필요한 기술을 습득하도록 도와주는 일이다.

다혈우울질

다혈우울질은 눈물을 펑펑 쏟다가 신경질적으로 웃어 대는 등,

아주 감정적이며 그 기복이 심하다. 그는 상황에 따라서 친구와 함께 웃기도 하고 울기도 한다.

사실 그는 일순간 울다가 아무 이유없이 혼자 웃기 시작할 수 있으며, 웃다가 다시 울 수도 있다. 이러한 어린이들은 다른 사람들의 아픔을 순수하게 느낀다. 그들은 애완 동물이 죽으면 정말로 슬퍼하는 모습을 보인다.

그들은 연극이나 강연회, 음악에 아주 쉽게 몰입한다. 그들은 사람 중심이기 때문에 관중이 있는 활동에는 꼭 참여할 것이다. 한 어린 다혈우울질 소녀가 너무나 연극을 하고 싶어해서 일주일에 한번씩 차고에다 무대를 만들어 놓고 연극을 하게 했다. 다혈질 어린이들은 연극 공연을 기다리는 타고난 배우들이다.

다혈질도 우울질도 꿈꾸는 자이기 때문에, 다혈질이 더 지배적일 때 그의 꿈은 긍정적이고 화려하며 입체적이다. 그러나 우울질적인 기질의 영향으로 부정적인 생각들도 가졌으므로 그의 꿈은 흑백으로 변하고 갑자기 허물어지기 시작한다. 그는 잘할 수 있는 능력이 아무것도 없다고 느끼고, 그의 자아 개념은 고통을 당한다. 그의 기분은 아주 높았다가 울적하게 낮아지는 등 변화가 많다.

다혈질은 화를 내는 문제가 있고 우울질은 두려움의 문제가 있다. 따라서 다혈우울질은 두려움과 화내는 문제를 둘 다 가지고 있기 때문에 불안함을 자아내므로, 그는 자기를 사랑하고 자기를 있는 그대로 받아들이는 사람들에게 둘러싸여 있어야 한다. 다른 사람들로부터 좋은 평가를 받고 있다고 생각하는 것이 그에게는 아주 중요하다. 그는 종종 부모의 사랑과 인정을 재확인해야 한다.

이 기질은 미학적인 성품이 있으므로 어렸을 때 음악 공부로 그것을 노출시켜야 한다. 이 기질의 어린이들 중 많은 수가 음악 공부를 시작했다가 잠시 후에 그만두겠다고 부모에게 말하지만 나이가 들면 그것을 후회한다. 다른 모든 혼합된 기질 가운데에서 다혈우울질이 음악에 가장 천성적인 "소질"을 가지고 속박받지 않는 연주자가 되는 경향이 있다. 어렸을 때 공부를 계속하도록 격려하고 훈련하는 것이 후일에 그로 하여금 남을 돕고 주님을 섬기도록 하는 기회와 자기 수련의 훈련을 제공해 준다.

많은 능력과 재능을 가진 다혈우울질은 종종 그 부모가 목표를 달성하기에 필요한 자기 수련의 중요성을 그에게 가르치지 않음으로해서 그의 잠재력을 다 발휘하지 못하고 마는 경우가 있다. 그는 성취자가 되기 위해 일할 필요가 있다.

이러한 어린이는 터무니없는 거짓말쟁이가 되기 쉽다. 그들은 작은 "악의 없는 거짓말"을 하는 것으로는 만족하지 않는다. 그들이 "꾸며낸 이야기"는 너무나 엉뚱하기 때문에 사실이 아니라는 것을 분명히 알 수 있다. 손에 야구 방망이를 들고 밖에 서 있으면서도 어머니에게 자기가 유리창을 깨뜨리지 않았다고 말하는 어린 소년과 같다. 또한 그는 "감언 이설로 속이는 데 명수"가 될 자질이 있어서, 특히 벌을 받는 현장에서 발뺌을 하려고 변명한다. 막 회초리를 내려 치려고 할 때 초조하게 변명을 해대는 아이인 것이다. 그는 부모로 하여금 그를 때린 것에 죄의식을 느끼게 한다.

다혈우울질은 의식있는 사회적 활동가다. 그는 친구들이 꽤 좋아하며 다혈담즙질보다는 미움을 덜 받는다. 그러나 그는 다혈담즙질보다 더 완전주의자여서, 말로 남을 비판함으로써 따돌림을 받을 수도 있다. 그는 자기보다 못한 사람들을 이해하고 그들을 사랑하도록 개발되어야 한다. 그는 두뇌 회전이 빠르고 기억력이 좋아서 어린 시절에 훈련받아야만 한다.

　이 어린이에게 적합한 자제력을 가르친다면, 그는 영적인 것에 대해서는 순수하고 민감하기 때문에 예수 그리스도의 진정한 제자가 될 수 있다. 보통 그리스도의 가정에서라면 그것은 일찍부터 드러나게 된다. 그가 성취자가 되고 포기자가 되지 않도록 가르침을 받는다면, 사회과학과 수학, 과학 혹은 음악분야에서 가장 탁월해질 수 있다.

다혈점액질

　다혈점액질은 그들의 약점에 몰입되지 않도록만 해준다면 기르기에 가장 재미있는 아이가 될 수 있다. 그들은 거의 문제를 일으키지 않는 사랑스럽고 애정이 넘치는 귀여운 어린 참견자다. 다른 다혈질과 같이, 그도 원하는 것을 당장 원한다.

그러나 그는 얻지 못한다 해도 그다지 화를 내지 않는다. 그들이 관심을 갖는 시간은 대단히 짧다. 특히 소리나 움직임, 사람이나 활동을 암시하는 것일 때는 더욱 그렇다. 그들은 동물 애호가다. 보통 애완 동물과 함께 잠을 잔다. 가족 중의 한 사람이 우는 것을

본 어떤 두 살짜리 다혈점액질은 그 무릎에 올라 가서,
"셜리 아줌마, 뽀뽀해 줄께 울지마"라고 말하며 위로해 주느라고 애를 썼다. 그들은 어떤 연령이든지 천성적으로 사람들을 사랑한다.

다혈점액질은, 다혈질의 억제되지 않은 외향성과 점액질의 재치 있는 유머가 혼합되어 있기 때문에 아주 재미있고, 다른 사람들을 웃기는 것을 좋아한다.
한 점원은 다섯 살짜리 아이에게 옷을 갈아입혀 주고 나서,
"틀림없이 이 아이 때문에 많이 웃으시겠어요"라고 말했다.
그에게 많은 사랑을 준다면 당신은 많이 웃을 것이다. 다혈점액질은 사랑스럽긴 하지만 완전치 않다. 그의 천성적인 매력과 사람을 사랑하는 태도에도 불구하고, 다혈질의 자제력 부족과 점액질의 동기 부족으로 인생에서 종종 실패를 가져오기도 한다. 만약 당신에게 그렇게 장난을 좋아하는 어린이가 있다면, 그의 인간적인 매력과 "눈물이 글썽한 큰 눈"에 정신이 팔려서 그가 포기자가 될 수 있다는 사실을 가르쳐 주지 못하는 일은 없도록 해야 한다.
다혈점액질만큼 자기 방을 엉망으로 만들어 놓는 아이는 없을 것이다. 이런 기질을 가진 십대 아이의 아버지가 아침에 그 딸을 깨우려고 방에 들어갔다가, 전날 밤 그 아이가 입었다 벗어 놓은 옷들이 그대로 즐비하게 늘어져 있는 것을 발견했다. 아버지는 화가 나서 옷장 문을 열었더니 38가지나 되는 옷들이 옷장 바닥에 가득 쌓여 있었다. 그들은 다른 모든 어린이들 중에서 미래에 대한 계획이나 과거에 대한 염려를 가장 적게 하는 편이다. 사실상 그들은 여간해서는 과거를 잘 기억하지 못한다. 그런 아이는 똑같은 일로 반복해서 벌을 주어야 한다는 사실을 당신은 즉시 발견할 것이다.
다혈점액질에게 좋은 공부 습관을 들이기는 쉽지 않으며, 훌륭

한 경건의 시간을 갖도록 하는 것도 쉽지 않다. 그들은 좋은 의도로 좀더 잘하겠다고 공공연히 큰 소리를 치지만, 부모들이 자제력과 자기 통제를 가르쳐 주는 5살 전에는 거의 해내지 못한다. 그들이 특별히 좋아하는 교사가 있다면 그 교사가 가르치는 과목은 잘하지만 다른 과목은 형편없다. 다혈점액질의 어린이는, 그의 주의를 흩어지게 하는 것, 예를 들어 그림 같은 것이 없는 방에서 공부를 더 잘할 수 있다. 그렇지 않으면 그는 집중할 수 없을 것이다.

다혈질의 어린이 가운데 많은 아이들이 몸무게가 지나치게 늘어나는 문제가 있다. 다혈점액질도 다른 어떤 기질의 어린이보다 문제를 많이 가지고 있다. 그들은 보통, 태어날 때는 좋은 체격을 가지지만 10살만 되면 땅딸막하게 되며, 부모가 먹는 것을 적당히 조절하도록 도와주지 않으면 그 이후로는 2-5퍼센트씩 몸무게가 늘어난다.

어떤 어린이와 그들의 부모가 그 아이는 "몸무게가 늘어나는 경향이 있다"든가, "다른 아이들만큼 칼로리를 빨리 소모시키지 못한다"고 변명을 한다. 사실은 대체로 그들의 먹는 버릇이 좋지 않기 때문이다. 즉 너무 빨리 먹고, 나쁜 음식을 먹고, 사이사이에 간식을 먹는다. 부모는 자녀들에게 어려서부터 과일과 야채를 잘 먹게 하고, 빵의 소비를 제한하고, 학교 갔다 온 뒤에 간식과 밤참을 먹지 않도록 가르침으로써 도와줄 수 있다. 그리고 어떤 일이 있어도 과자나 음료수, 아이스크림 등은 최소한으로 줄여야 한다. 다혈점액질은 대체로 단 것을 지나치게 좋아한다. 이 문제는 나이가 든 뒤보다는 아직 어릴 때 억제하기가 쉽다. 최근에 우리는 어떤 선교사 가정에 있었는데, 그들의 10살 난 명랑한 다혈점액질이 내 마음을 끌었다. 그런데 그의 어머니가 보고 있지 않을 때 나는 그가 사탕 그릇에 그야말로 "얼굴을 파묻고" 먹어 대는 것을 보았다. 그의 몸은 이제 7킬로그램은 더 살이 찔 것 같았다.

몸무게는 어떤 타고난 본질적인 문제가 개입되어 있지 않는 한 자제력과 자기 훈련의 문제다. 아이가 뚱뚱하다는 사실에 대해서 말로만 불평을 늘어놓는 대신, 그 부모는 그가 식욕을 조절하고 인생의 다른 면에서와 마찬가지로 자제력을 기를 수 있도록 도와주어야 한다. 다혈점액질이 몸무게가 느는 문제에서 승리했을 때 생산적인 생활 양식을 가진 사람으로 변해 가는 것을 우리는 보았다. 자녀의 몸무게를 조절하도록 돕는 데 있어서 가장 어려운 문제는, 좋은 본보기를 보여 주지 않으면 가르침은 완전히 실패한다는 것이다.

보통 사람의 몸무게보다 30킬로그램이나 더 나가는 한 어머니가 뚱뚱한 7살짜리 딸이 먹는 습관이 나쁘다는 것을 알고 마음이 상했다. 그리고 그 어머니는 "모전여전"이라는 옛말이 들어맞는 것을 보고 깜짝 놀랐던 것이다.

담즙다혈질

담즙질이 60퍼센트, 다혈질이 40퍼센트인 어린이는 알아내기가 어렵지 않다. 그는 다혈담즙질만큼 지나치지는 않지만 역시 외향적이다. 그러나 그는 최고의 활동가로서, 그가 주위에 있다는 것을 즉시 알 수 있다(어렸을 때, 이러한 네 가지 혼성 기질에서 나타나는 활동성을 혼동하지 않도록 하라. 그들은 모두 활동적인 아이들이기 때문이다).

담즙다혈질에게서 구별되는 점은 그의 결단력과 강한 의지(어떤 경우에는 황소 고집), 독립심, 자기 만족 그리고 근면성이다. 그는 겨우 두 가지 행운, 즉 활짝 열린 마음과 깊이 잠드는 것만을 가지고 있다. 당신이 아예 일찌감치 그의 강한 의지를 당신의 권위에 굴복하도록 꺾고 그가 남을 존중하도록 가르친다면, 그는 좀더 재미있는 어린이가 될 것이다. 그는 자기가 왜 자기 뜻대로 해야 하는가에 대해서-자기가 마음에 작정한 것은 무엇이나-특별히 부모에게 (할 수만 있다면) 고집으로 이길 만큼 충분한 매력을 지니고 있다.

그것이 확실해지면 자기 멋대로 하며 그것을 얻기 위한 노력에서 작은 악마처럼 영리해질 수 있다. 그는 매력으로 시작했다가 그 매력이 효과가 없으면 화를 내면서 끝마치는 일이 흔하다. 담즙다혈질은 말을 잘하며 어릴 때에도 부모와 논쟁을 벌인다. 사실 그들은 말대꾸를 하려는 유혹을 저지할 수 없으며 그것으로 종종 매를 맞는다. 그들은 옳든지 그르든지 행동을 정당화하려는 일환으로 그들이 왜 규칙을 어겼는지 혹은 그 규칙이 왜 그들에게는 적용되지 않는지를 즉시 답변한다.

일반적으로 학교에서 담즙다혈질들은 운동 애호가로서 자신들이 직접 참여하는 것을 좋아한다. 불행히도 그들이 선수가 되지 못했을 때에는 선 바깥 쪽에서 축구공을 던져 주는 것을 흔히 볼 수 있다. 그가 청년 시기에 훌륭한 관람자가 되는 일은 드물다. 그는 경쟁을 좋아하며 행동의 중심 인물이 되는 것을 즐긴다.

그가 청년시기에 갖는 문제 가운데 하나는 제 시간에 집에 오는 것이다. 당신에게 이야기해서 모면할 수 없다면, 그는 야구장을 일찍 떠나기보다는 차라리 늦게 와서 벌을 받는 편이 더 낫다고 생각한다. 그들은 토론에 천부적인 재능이 있고 아주 논쟁적이며 그것은 보통 세 마디만 하면 드러나게 마련이다.

　담즙다혈질의 특징 중 하나는, 아주 고집이 세고 사실을 저울질해 보기 전에 선포하고 모든 일에서 고집스럽게 자기 뜻을 주장하는 경향이 있다. 그는 보통, 사나운 성미를 가졌고 남자 아이든 여자 아이든 주저없이 싸움에 뛰어든다. 4학년짜리 담즙다혈질 아이가 새 학교로 전학을 했는데, 그 반 개구쟁이가 그에게 싸움을 걸어왔다. 상대가 비슷한지라 둘 다 너무 지쳐서 그들은 다음날 저녁 다시 하기로 약속했다. 그들은 닷새 동안을 계속 겨루었다. 결국 그 두 담즙다혈질은 가장 친한 친구가 되고 말았다.

　담즙다혈질은 공부에는 흥미가 없고 좀더 활동적인 관심사를 좇는다. 그는 그의 강한 의지를 사용해서 그의 성미를 조절하고, 정중하게 말을 하며, 남의 말을 방해하지 않고, 숙제와 집안의 잔일을 하며, 좀더 연약한 사람을 생각해 주고, 빈정대는 말을 사용하지 않도록 지도해 주어야 한다. 그는 세 가지 담즙질 혼합형 중에서 가장 상냥한 편이지만, 여간해서는 다정하게 굴지 않는다.

　아직 어릴 때, 그를 그리스도 앞으로 인도하고 하나님께 순종하는 것의 중요성을 가르치는 일은 아주 중요한 일이다. 모든 어린이들은 지력의 감수성이 예민한 3학년부터 6학년 사이에 성경 말씀을 외워야 한다. 그러나 담즙다혈질은 특히 하나님의 뜻보다는 자기 뜻대로 행하기 쉬우므로 앞으로 맞을 반항기에 대비해서 자기 정신을 무장할 필요가 있다.

담즙우울질

담즙우울질의 어린이는 활동적이고 생산적일 뿐만 아니라 아주 날카로운 정신을 소유하고 있다. 어머니들은 종종 그가 사랑이 없다고 실망하지만 사실은 너무나 독립심이 강해서 기분이 내킬 때만 애정을 베푸는 것이다. 아버지들은 종종 담즙우

울질을 가진 어린 딸에 의해 배척당할 준비가 되어 있지 않기 때문에 그들로부터 감정적으로 위축되기 쉽다. 부모는 자녀를 받아주고, 그가 기분이 내킬 때는 언제나 그의 사랑을 되돌려 주도록 조심스럽게 자녀의 조건에 따라 그의 희박한 애정의 표시를 받아주는 것이 더 낫다. 이러한 어린이는 사랑하는 것을 배울 수 있지만 그것은 시간이 걸린다.

담즙우울질은 화를 내고 고집이 세며 건방지고 빈정대는 수가 있다. 그들의 기질에는 담즙질의 기쁘게 해주기 어려운 특성과 우울질의 완전주의가 혼합되어 있다. 그들이 반항할 때는 본의 아닌 말을 함부로 하므로 그들은 친절하게 말하는 것을 배워야 한다. 잠언 13 : 3에서 이렇게 말한다.

"입을 지키는 자는 그 생명을 보전하나 입술을 크게 벌리는 자에게는 멸망이 오느니라."

그들에게 "감사합니다"나 기타 공손한 표현(영어에서는 주로

'Please'를 붙임)을 가르치는 데는 지속적인 훈련이 필요하다. 어떤 세 살짜리 담즙우울질 여자 아이는 이런 공손한 표현을 할 때까지 다른 아이들과 함께 아이스크림을 먹을 수 없다고 그 애 아빠가 말했는데도 그 말을 하지 않았다. 결국 그 애가 집에 돌아오기 전에, 고집에 자기 연민까지 겹쳐서 그것을 아주 큰 소리로 표현했기 때문에 당연히 매를 맞게 되었다. 어떤 혼합 기질도 담즙우울질보다 더 독립적일 수는 없다.

"내가 할 수 있어!"라고 말하면서 할아버지가 구두끈을 매 주겠다고 해도 거부하는 두 살짜리 아이를 본 적이 있다. 어떻게 하는 줄도 모르면서 그 애는 자기가 해보겠다고 결심했던 것이다.

담즙우울질은, 학교에서 공부하는 좋은 습관과 공부해야 할 필요가 있어도 만족할 줄 모르고 운동만 하려는 기호를 잘 조화시키기만 한다면 대부분 공부를 잘할 수 있다. 이 어린이에게는 흔히 교회에 가기를 거절하는 시기가 있을 것이다. 현명한 부모는 그 위기를 이용해서, 그가 교회 밖에서 친구를 사귀는 문제를 피하게 하고 그러한 반항적인 의지를 깨뜨릴 것이다(그러나 솔직히 말해서 그 문제는 그가 10대에 이르기 훨씬 전에 해결되어야 한다).

담즙우울질의 비밀스러운 사고생활은 아주 위험할 수가 있다. 그는 성내는 아이가 되기 쉬우며, 우울질의 복수심 강하고 자학적인 경향은 상처나 모욕이나 문제를 과장시키기 쉽다. 담즙우울질을 키우는 것은 결코 쉽게 넘어갈 만한 일이 아니고 도전적인 경험이 될 수 있다. 같은 성(性)의 부모가 시간을 들여서 그를 알고 친구가 되어 그의 강한 의지와 결단력을, 그의 혀와 분노와 빈정거리는 태도를 조정하여 인도한다면 그는 매우 성공적인 생활을 하게 될 것이다.

담즙점액질

담즙점액질은 절도있는 기질이면서 뜨거움과 차가움이 혼합된 흥미있는 기질이다. 그는 외향성 중에서는 가장 개방적이지 못하며, 자기가 하는 모든 일에 침착하고 좀더 조직적이기 때문에 잘못된 방향을 향해 방아쇠를 당기기가 그렇게 쉽지는 않다. 그는 일단 어떤 계획을 시작하면 철저하게 그것을 끝마친다. 이 어린이에게는 어린 나이일지라도 지정된 일을 하거나 시간제 일을 하는 것이 어렵지 않다. 그는 항상 믿을 만하고 일을 열심히 한다. 만약 그가 서서히 타오르는 내적 증오심을 기르지 않는다면 이상적인 어린이로 자랄 수 있다.

이 어린이는 담즙질의 완고한 결단력과 점액질의 고집이 재미있게 혼합되어 있다. 결과적으로 그가 일단 마음을 먹으면 그것을 바꾸기가 어렵다. 다른 두 담즙질과 같이 그는 자기 잘못을 인정하려 하지 않으며 회개가 쉽게 일어나지 않는다. 다시 말해서 그는 운동 경기에서 코치가 내린 반칙 선언을 받아들이기가 어렵다(코치의 잘못임에 틀림없다고 그는 생각한다).

어린 아이라 할지라도 자기 실수에 대한 책임을 질 뿐만 아니라 실수했을 때 사과하는 것을 배워야 한다. 그는 자기는 휩쓸려 들지 않고 다른 아이들을 곤란에 빠뜨리는 데 명수다. 그는 다른 담즙질처럼 남에게 말로 감정을 쉽게 폭발하거나 빈정거리는 태도로 남의 마음을 아주 상하게 해 놓지는 않지만, 그의 점액질적인 유머를 사용해서 그것을 영리하게 위장하기는 더 쉽다. 또한 그는 가장 곤란한 꼬마 말썽꾸러기가 될 수 있다.

담즙질이 더 우세한 다른 기질과 같이 만 12살이 되기 전에 그리스도 앞으로 인도해야 하며, 그렇지 않을 경우 그는 영적인 일에 결코 관심을 표하지 않을 수도 있다. 이러한 어린이는 가정에서 많은 사랑과 시종 일관한 훈련이 필요하다. 그들은 종종 장난감 갖는 것에 이기적이므로 어렸을 때 다른 사람과 나누는 것을 배워야 한다.

우리가 지금까지 살펴본 여섯 가지 혼합형은 주로 외향적인 기질이다. 이제 우리는 좀더 내성적인 기질을 살펴보기로 하자. 몇 가지 반대되는 기질을 제외하고는 그들 사이에 비슷한 점들이 있으리라는 것을 당신은 짐작할 수 있을 것이다.

우울다혈질

우울다혈질보다 더 큰 감정 덩어리를 가진 어린이는 없을 것이다. 그는 웃어 대다가 다음 순간 금방 흐느껴 울 수 있는 능력이 있다. 그는 천성적으로 불안정하며 과장된 죄의식으로 두려워하기 쉽기 때문에 더 많은 사랑과 재확신이 필요하다.

  우울다혈질은 지능지수가 높거나 창조력, 미술, 음악, 과학 등에 천부적인 재능을 가지고 있다. 이상하게도 그들은 재능이 많은데도 불구하고 참으로 자기 용납의 문제를 많이 가지고 있다. 만약 비판이나 배척에 속박이 된다면 그 놀라운 잠재력을 낭비해 버리는 일은 그들에게 있어서는 별로 보기 드문 일이 아니다. 자기 연민은 아주 위험한 사고방식으로, 부모가 자기보다 다른 형제, 자매를 더 사랑한다고 확신하게 되면 상처를 받게 될 정도까지 이른다.

  우울다혈질의 어린이가 비록 말로는 나타내지 않는다 해도, 부모는 그의 내적 불만과 비판을 알 수 있기 때문에 기르기가 수월하지는 않다. 당신은 그가 보통 다른 사람에게 하듯이 자기 자신에 대해서도 비판적이라는 사실을 상기할 필요가 있다.

  그에게 일찍이 가르쳐야 할 것 중 하나는, 불만과 비판은 가정에서 용납할 수 없다는 것이다. 그는 영적인 것에 예민한 감수성을 가지고 있으므로 어린 시절에 부모가 "감사함으로 기도하는 것"과 비판하려는 유혹을 물리치는 것을 가르쳐 준다면, 그것은 그의 성격과 우울증과 정신 자세를 바꾸어 놓을 수 있다.

  체육에 재능이 없는 한, 그들이 운동기술을 연마하는 데는 보통 이상의 도움이 필요하다. 단순히 운동이 어렵기 때문에 중단하는 것은 허용해서는 안 된다. 미술이나 음악에 대한 천부적인 재능이 발견되면, 자기 용납을 위해서라도 그가 뛰어나게 되도록 도와주어 하나님께서 그의 재능을 좀더 잘 사용할 수 있게 하는 것이 현명한 일이다.

  이 어린이는 반사회적으로 될 경향이 있을지도 모르므로 친구를 사귀고 우정을 계속 유지하도록 격려해야 한다. 당신은 특별히 그를 그룹 활동―교회 그룹이나 합창단, 악대나 운동―에 가입시킬 방법을 찾아야 한다. 그가 집에 와서 말했다.

"나는 친구가 한 사람도 없어요. 아무도 나를 좋아하지 않아요"라고 말한다 해도 놀라지 않도록 하라. 그가 싫다고 말해도 다른 어린이들과 함께 노는 것을 가르쳐야 한다. 그는 천성적인 골샌님이다. 당신이 우울다혈질의 자녀를 두었다면, 그를 하나님께서 당신에게 닦으라고 주신 다이아몬드로 생각하라. 일찍 시작하라. 일관성있게 이해해 주며 사랑해 주어라. 그러면 당신은 나중에 그가 "별처럼 빛나는" 것을 볼 것이다. 그는 하나님을 섬길 만한 능력이 있기 때문이다.

우울담즙질

우울담즙질의 남자 아이나 여자 아이는 마치 옹기장이의 손에 있는 한 덩어리의 점토와 같다. 부모가 그를 긍정적이고 능력있는 사람으로 빚을 수도 있고, 아니면 중간 이상의 잠재력이 무효가 될 때까지 그의 부정적인 감정을 강조할 수도 있다.

어린 아이로서 그들의 기질은 다른 기질보다 더 법석을 떨며 요구가 아주 많고 소유욕이 강하다. 그들은 불평쟁이요, 이기적이며 어울리기가 어려운 경우가 많다. 따라서 그들은 표면적으로는 다혈질처럼 사랑하기가 쉽지 않지만, 어쨌든 사랑하려고 노력한 부모들은 그것이 보상이 있는 경험이라는 것을 알게 될 것이다.

우울담즙질은 우울다혈질 만큼 변덕스럽지는 않지만 담즙질적인 기질로 인해 좋지 않은 기분을 오래 가도록 만드는, 결단력이 부족한 경향이 있다. 그는 어느 것도—심지어는 좋지 않은 기분까지도—포기하지 않으려고 결심한 것처럼 보인다.

이런 어린이는 보통 다른 아이들과 잘 어울리지도 않고 이기적이며 장난감이나 방이나 개인의 물건 등을 나누기 싫어한다. 그는 종종 모든 사람들이 자기를 대적한다고 느끼고는 자기 방에 들어가서 불평을 달랜다. 그는 표현하지 않을지라도 적대감을 가질 수 있으며 세 살이나 그 이전에도 그는 당신이 원하는 일이나 방법에 대해서 반대하고 나선다.

그는 벌을 받고 나면 오랫동안 부루퉁해서 자기 잘못을 받아들이지 않고 마음속으로 부모를 비난한다. 그는 비록 자신은 비판할지라도 다른 사람의 비판은 받아들이기 싫어한다. 또한 담즙질적인 요소는 이차적인 것이라 할지라도 이 기질에 담즙질이 혼합되어 있기 때문에 그것은 부정적인 생각을 하게 할 여지가 있다.

그는 나이를 먹으면 그의 부정주의를 "단지 현실적인 것"이라고 주장할 것이다. 그러한 정신 구조로 그는 보통 작은 일을 크게 과장해서 말하며 자기 능력으로 할 수 있는 일을 맡으려고 하지 않는다.

이러한 아이들이 성공할 수 있는 잠재력은 과대 평가되는 일이 거의 없다. 그들의 재능을 조심스럽게 살펴서 그것을 개발시킬 수 있도록 특별히 도와주어라. 그들이 무언가 잘했을 때 칭찬을 많이 해서 그것을 계속하도록 하라. 점차 그들의 자신감은 증대될 것이며 그들은 그 면에서 빨리 개발될 것이다.

그 후에 그들이 익숙한 일만을 반복하고 다른 일을 시도하거나 새로운 것을 배우려고 하는가, 그렇지 않은가를 주의해서 지켜 보아야 한다. 그에게 있어서 한 가지 좋은 점은 공부를 잘한다는 것이다.

　우울담즙질은 천성적인 완전주의자이기는 하지만 일하는 습관은 꼼꼼하지가 않다. 그렇기 때문에 당신은 그가 일찍부터 자기 방을 정돈하고 장난감을 치우도록 가르쳐야 한다.

　우울다혈질처럼 그는 아마 비판적인 정신을 가질 것이다. 만일 그냥 내버려 둔다면 그것이 얼굴에 나타날 것이다. 반대로 당신이 그에게 감사하며 사는 법을 가르쳐 준다면(살전 5 : 18), 그는 좀더 명랑한 얼굴 표정을 갖게 될 것이다.

　"마음의 즐거움은 얼굴을 빛나게 하여도"(잠 15 : 13).

　그가 어렸을 때, 새로운 일에 성공할 때마다 그것은 그의 막대한 잠재력을 열어 주어 다른 일들을 더 쉽게 경험하도록 만든다. 당신은 그가 하나님의 은혜를 통해 어떤 사람이 될 것인가를 낙관적으로 바라봄으로써, 그리고 그가 "너무 어려워하여" 자동적으로 거부할 일을 시도해 보도록 사랑을 가지고 격려해 줌으로써, 당신은 그가 사회에 좀더 편안히 적응할 수 있고 주님의 일에 만족스럽게 봉사하는 그러한 자아 개념을 세우도록 도와줄 수 있다.

우울점액질

　당신이 만일 우울점액질의 자녀를 두었다면 당신은 손에 싹트는 어린 천재를 가지고 있는 셈이다. 그는 앞에 나온 두 우울질의 어린이처럼 적대감을 가지지는 않을 것이다. 다른 아이들과 잘 어울리든지 혹은 그들과 전혀 놀지 않을 것이다.

　그는 교제를 즐기면서도 고독자가 되는 경향이 있다. 그는 자라면서 훌륭한 성적을 받는데, 만약 그가 있는 그대로 자기 부모

에게 사랑으로 받아진다
면 당신이 자부심을 느낄
만한 어린이로 성장할 것
이다.

당신은 그를 다른 틀에
맞추려고 하지 말아야 한
다. 그는 보통 조용하고
느긋하니까 그에게서 다
혈질적인 반응을 기대하
지 않도록 하라.

우울질적인 어린이는 모두 민감하지만 그중 이 어린이가 가장 민감하다. 어렸을 때 그는 감정적인 "집착력"이 강하다. 가장 좋은 방법은 은혜를 구하는 기도를 하며 그냥 놓아 두는 것이다. 나이를 먹어감에 따라 자녀 교육 공식에 균형을 갖추어야만 한다. 사랑, 훈련, 용납, 그리고 경건한 교훈. 그의 "상처받은" 모습 때문에 반항이나 도전적인 태도나 건방진 말에 대해서 벌주는 일을 그만두어서는 안 된다. 만약 사랑을 적용한다면 그는 다른 어떤 기질보다 빨리 당신의 메시지를 받아들일 것이다.

그가 민감한 성격일지라도 그가 다른 아이들과 놀 때에 이기적이지 않게 하라. 그는 자기 중심적이기도 하고 이기적이기도 하기 때문에 다른 아이들과 함께 놀고 나누는 것을 배워야 한다.

그가 이상하게 자의식이 강해도 놀라지 말라.

때가 되면 그는 자기 의식에서 벗어날 것이다. 성장에 따라 사교적인 인사법과 자기 또래의 아이들에게는 물론 어른들에게 말하는 법도 가르쳐야 한다. 손님들이 오면 제 방에 "틀어박혀" 있기가 쉽지만, 적어도 그러한 유혹은 손님들에게 인사하기까지는 실망을 당해야 한다.

그들은 종종 당황하기를 잘한다. 의사인 친구의 딸 아이가 12

64／기질과 자녀 교육

살난 아주 민감한 우울점액질이었는데, 그 애 어머니가 처음 브래지어 사용법을 가르쳐 줄 때 그 애는 화장실로 뛰어가서 숨어 버렸다. 그 애는 점차 변화하는 자아를 받아들이게 되었고, 지금은 사랑스러운 아내요 어머니가 되어 있다.

우울점액질은 비록 사회적인 면에서는 특별한 도움이 필요하지만, 대부분 학교 성적이 좋고 별로 말썽을 일으키지 않으며 영적인 가르침에 민감한 반응을 보인다.

점액다혈질

점액다혈질의 어린이는 모든 기질 가운데 가장 힘이 안 드는 아이다. 점액질에 40퍼센트의 다혈질의 매력이 첨가될 때 그는 즐거운 어린이가 될 수 있다.

인간적으로 말해서 그들은 모든 사람들과 어울리기가 가장 쉽다. 아기로서의 그들은 행복하고 만족스러운 귀염둥이, "완전한 아이다." 너무나 완전해서 당신은 그들의 약점을 못 볼지도 모른다.

모든 점액질들은 그들의 부모가 일찍이 그 특징을 인식하여 부지런히 그것을 일깨워 줄 때까지는 동기 유발이 결핍되어 있다. 점액질도 다혈질도 크게 결단력이 있거나 자제력이 있는 것이 아니므로 모든 분야에서의 자아 훈련이 강조되어야만 한다.

그들이 장난감을 흐트러뜨려 놓은 채 그냥 잠자리에 들도록 허용하지 말라. 그들에게 일찍부터 자기 방을 정돈하도록 가르치라. 이 어린이는 훈련하기 쉽고 매를 맞는 것과 마찬가지로 상을 주는 것에도 반응을 보인다.

그의 반항심은 세 돌이 되기 전에 치료되어야 하며 그것은 그렇게 어렵지 않다. "할 수 없어요"라는 그의 천성적인 병을 사랑을 가지고 고쳐 주도록 하라. 즉 그가 할 수 있다는 것을 당신이 알고 있는 데, 그가 회피책으로 "나는 할 수 없어요"라는 말을 사용하지 못하도록 하라. 그렇지 않으면 그것으로 말미암아 그는 일생동안 자기의 능력을 발휘하지 못하게 되는 습관을 갖게 될 것이다.

점액다혈질의 어린이는 학교에서 화를 낼 수가 있다. 충분히 능력이 있음에도 불구하고 자기의 잠재력을 다 발휘하지 못하는 것 같기 때문이다. 그리고 그것은 너무나 많은 노력이 필요하기 때문이다. 그는 천성적으로 꾸물거리는 아이이기 때문에 숙제를 잊어버리기 일쑤며 그렇지 않으면 집에다가 책을 놓고 가기도 한다.

그의 공손한 태도에도 불구하고 그는 가끔 고집스럽고 이기적이며 인색할 수 있다. 만약 그의 집에 형제, 자매가 없다면 그는 나누는 것을 배우기가 어려울 것이다. 점액다혈질은 수줍어하고 부끄러워하므로 그들이 쓰고 있는 껍질 밖으로 끌어내도록 해야 한다. 그러나 엄격하고 비판적이며 큰소리로 요구하는 부모는 그를 보호하기 위한 껍질 속으로 더 깊이 들어가도록 할 것이며, 그가 사교적이 될 수 있는 것을 막아 버릴 것이다.

부모는 그에게 주님을 의뢰하고 예수 그리스도와 개인적인 관계를 통해서 성장하는 믿음을 세우도록 가르치는 것이 가장 잘 돕는 것이다.

점액담즙질

점액담즙질은 좀더 내성적이라는 것 이외에는 담즙다혈질과 크게 다를 바 없다. 그는 때때로 두려워하고 불안정하다. 그는 담즙질적인 영향력으로, 목표 지향 중심이고 점액질 혼합형 가운데 가장 자발적이긴 하지만, 결코 열정가는 되지 못한다. 그러나 바로 그 담즙질의 기질적 영향 때문에 그는 쉽게 화를 낸다. 사실 점액질 혼합형 중에서 화내는 것으로 가장 크게 문제가 되는 것이 점액담즙질이다. 대부분의 점액질처럼 그도 남들과 잘 어울리지만 고집스럽고 이기적이며 양보하지 않는다. 그것은 보통 그가 다른 어린이들과 놀 때에 드러난다.

그가 싸움을 하는 경우는, 보통 그에게 있는 담즙질의 영향이 발동하여 자기 장난감을 다른 어린이가 사용하지 못하도록 막을 때다. 그는 장난감을 조심스럽게 보관하는 경향이 있다. 나는 서너 명의 점액담즙질의 어른들이, 어렸을 때 가지고 놀던 전기 기차를 아직도 가지고 있는 것을 보았는데 그것은 아직도 잘 달린다.

어린 점액담즙질에게 숙제를 마치고 의무를 수행하는 자제력을 가르치는 데는 부모의 사랑의 노력이 필요하다. 그것을 시작하기에 가장 좋은 시기는 두 살에서 세 살 사이다. 텔레비전을 주의하라. 그는 중독이 되어 텔레비전에서 나오는 연극의 세계 속으로 빠져들 것이다. 그를 둘러 싸고 있는 실제 세계가 즐겁지 않을 때 그는 텔레비전이 제공해 주는 허구의 세계를 더 좋아할 것이다.
 이 어린이의 수동적인 자세는 종종 두려움과 합세하여 그의 호기심을 눌러 버린다. 아주 어릴 때부터 그의 호기심을 키워 나가도록 격려해 주어야 한다. 그것이 당신의 인내심을 시험하는 것일지라도 마음껏 하도록 놓아 두어라. 부모들은 이 어린이를 위한 동기 부여자로서의 역할을 해야 한다. 솔직히 말해서 그는 그가 얻을 수 있는 모든 동기를 필요로 하고 있다. 그가 성취자가 될 때 그의 두려움은 실제의 크기로 줄어들 것이다.

점액우울질

 열두 가지 혼합 기질 가운데 가장 내성적인 기질이 점액우울질이다. 그들은 그 나이의 다른 어린이보다 훨씬 더 조용하다.

신체적으로 혹은 감정적으로 심하게 상처를 받지 않는 한 그들의 울음 소리는 다른 어린이보다 부드럽다. 다른 점액질의 어린이들처럼 고집스럽게 꾸물거리기는 하지만 공공연히 반항하지는 않는다. 장난감이나 옷을 치우는 데 있어서 그들만큼 시간이 걸리는 경우는 흔하지 않을 것이다. 만약 당신이 그냥 놓아 둔다면 그애들은 언제나 잠을 자는 것 같을 것이다.

점액우울질은 시간내에 책임맡은 일을 마치고 자신을 좀더 내세우도록 격려해 주어야 하며, 자기 능력으로 할 수 있는 일을 시도하도록 격려해 주어야 한다.

만약 어릴 때 그를 자극하지 않는다면 그는 "꾸물거리는 자"가 될 것이며 어떤 일은 영원히 매듭짓지 못할 것이다. 무엇이든지 조직해 놓으려는 기질과 완전주의의 특성 때문에 그가 어떤 일을 하는 데는 다른 어린이보다 다섯 배나 더 많은 시간이 걸린다. 어릴 때 고쳐 주지 않으면 그 특성은 어른이 되어서도 나타날 것이다. 그것 때문에 점액우울질은 직업을 구하기가 어렵게 될 것이다. 점액우울질의 부인에게 있어서 가정일은 끝없이 귀찮은 것이고, 때때로 가족들을 고통스럽게 만들며 활동적인 남편의 화를 돋구게 될 것이다.

어린 아이로서의 점액우울질은 겁이 많고 불안정하다. 그들이 자신을 용납하도록 하기 위해서는 주위의 많은 사랑이 필요하다. 부모에게 배척을 당하는 아이는 자기 용납이 언제나 어렵게 된다. 특히 우울질적인 기질이 있는 아이에게는 그렇다.

그리스도인 부모로서 당신은 당신의 자녀를 그 문제에서 도울 수 있는 하나님의 자원을 가지고 있다. 사실 성경의 많은 부분에 두려움과 염려와 초조를 이길 수 있는 도움의 말씀이 적혀 있다. 실제로 다른 어린이들과 같이 이런 어린이는 일찍부터 하나님의 말씀을 외우도록 인도하고 믿음이 그의 사고방식에 가장 중요한 부분이 되도록 해야 한다. 아브라함은 두려움을 이기고 믿음의 본보기가 된 훌륭한 예이다.

결 론

 위의 12가지 혼합형의 기질에 대한 간단한 개념이 전부는 아니다. 당신의 아이들마다 재능과 장점과 약점이 있으며 그 아이 자신의 개성이 있음을 감안하여 고려해야 한다. 자녀의 1, 2차 기질을 진단하고 그에게 필요한 면을 감안해서 당신이 성취하고자 하는 목표를 설정하는 데에 이 개념이 도움이 되기를 바란다.
 당신은 그의 약점들을 강화시키기 위해서 먼저 사랑으로 도와줄 계획을 미리 세워야 한다. 많은 부모들이 그들의 자녀를 모두 똑같이 다루는 실수를 범한다. 그렇게 함으로써 종종 개발시켜야 할 잠재적인 창조력을 말살시켜 버리고 만다. 어떤 부모들은 자녀 교육에 대해서 아무 계획도 세우고 있지 않다가 문제가 생기면 그 자리에서 마음을 작정하려고 생각한다. 그런데 우리는 음식이나 바느질이나 기타 다른 면에서는 그렇게 하지 않는다. 자녀를 키우는 중요한 일을 왜 아무렇게나 하는가? 사업에서 이야기하는 것처럼, "계획을 세우고 그 계획대로 일하라." 그러면 당신은 최종적인 산출에서 더 많은 것을 누리게 될 것이다.

 수많은 기업체의 자유 계약 상담자로 고용된 한 그리스도인 심리학자가, 자기는 어떤 사람에게 접근할 때 그들의 약점은 무시하고 장점에만 집중했다고 우리에게 말해 주었다. 그는 사람들의 맡은 일이 기질적으로 맞는가를 확인하기 위해 그들을 조심스럽게 연구했다. 그리고 나서 그 일의 성취를 위해서 그들의 장점을 개발시키는 데에 총력을 기울이도록 격려해 주었다. 그러한 그의 가정에 의하면 그들의 약점은 자동적으로 처리된다는 것이다.
 우리는 그 이론에 전적으로 동의하지는 않지만, 그 대신 갈라디아서 5 : 22-23의 성령께서 모든 인간에게 가능한 모든 약점을 이길 만한 힘을 마련하셨다는 말씀을 믿는다. 그런 영적 자원은 그리스도인의 자녀를 개발시키는 데에 사용되어야 한다. 그러나 산업계에 고용되었던 그리스도인 심리학자가 말하는 성공은, 모든 훌륭한 부모는 자기 자녀의 재능과 장점을 발견해서 그것들을 개발시키고 능숙하게 발전시키도록 도울 수 있다는 사실을 확실히 강조해 준다. 당신이 그러한 도움을 줄 때 당신의 자녀는 자신을 좀더 좋아하게 될 것이다.

그가 자기 자신을 좀더 좋아한다면 당신이 그를 좋아하기가 더 쉬워질 것이며 다른 사람들도 그에게 더 쉽게 접근할 수 있을 것이다. 그가 그의 장점을 개발시키고 그의 약점을 극복한 결과 중에 가장 큰 것은, 그의 생애를 위한 하나님 아버지의 완전하신 뜻이 무엇이든지 그의 생애가 하나님의 손에서 좀더 유용하게 사용될 것이라는 사실이다.

5

어린 시절을 통해서
(신생아부터 유치원까지)

어머니의 엄청난 조정

첫 아기는 어머니로부터 엄청난 조정을 받는다. 생에 있어서 어머니라는 새로운 역할에 대한 실감은 그녀가 병원에서 돌아와 거기서 호흡하고 있는 새로운 갓난아기와 직면할 때까지는 부딪혀 오지 않는다. 아기는 하루 24시간 내내 있을 것이며 결코 사라지지 않을 것이다!

새로 어머니가 된 대부분의 여인들은 그들이 이제 그 조그마한 인간의 생명에 대해서 전적으로 책임을 지고 있다는 것을 깨닫게 되면서 겁을 집어먹게 된다.

처음 아기를 갖게 되면 어머니로서 자기가 너무나 부적합하다고 생각하고 자신이 없어지며 아주 조그마한 일 하나하나까지도 염려하기 쉽다. 아기가 자고 있을 때 숨을 쉬고 있나 하고 자주 귀를 기울여 본다. 아기가 울면 병이 나지나 않았을까 하고 염려한다. 그러한 불안함이 때때로 어머니를 긴장시키지만 다른 사람 앞에서는 죽어도 그러한 감정을 인정하려고 들지 않을 것이다. 그녀가 만약, 처음 아기를 가지는 어머니들은 대부분 그러한 느낌을 갖는다는 사실을 알기만 한다면 그러지는 않을텐데! 그녀는, 다른 모든 어머니는 천성적인 "어머니의 본능"을 가졌지만 자기는 그렇지 못하다고 생각한다.

처음 아기를 갖게 된 어머니에게는 이와 같이 자신이 부적합하다는 감정 외에 그녀를 상당히 괴롭히는 또 하나의 감정을 가지게 된다. 그것은 바로 원망이다. 이 원망은 그녀가 전처럼 자유롭게 왕래할 수 없고 매여 있게 된 것의 결과일 수 있다. 그녀의 시간은 더 이상 자기 자신의 것이 아니다. 그녀에게는 갑자기 많은 관심과 주의를 필요로 하는 조그마한 존재가 생긴 것이다. 하루 24시간의 새로운 계획표가 처음 아기를 갖게 된 새 어머니에게 원망스러운 감정을 일으킬 수 있다. 그것은 전적으로 정상이지만 불행하게도 그녀의 이러한 새로운 경험의 부분은 준비시킬 수 없는 것이다.

새로 태어난 아기에 대해서 어머니가 원망을 갖게 되는 또 하나의 요인은, 그 아기가 자기와 남편 사이를 더 가깝게 만들 것이라고 추측했는데 정반대의 사건이 일어난다는 것이다. 그 천진난만한 아기는 그들을 연합시키는 대신 그들을 분리시키는 쐐기의 역할을 한다. 남편은 종종 새로 태어난 아기에게 주어지는 아내의 관심에 질투를 한다. 아내의 시간은 그에게 속해 있던 것이었다. 그는 아마도 100퍼센트의 책임이 아내에게 있고 자기는 따돌림을 받고 있다고 느낄 것이다.

젊은 그리스도인 부부는 남편과 아내 두 사람을 위한 정상적인 조정 기간의 일부로 그러한 감정을 받아들여야만 한다. 어머니들은 누구나 이 3인조의 연합을 이루기 위해 자신의 아이디어와 방법을 발견해야 할 것이다. 그러한 부적합하다는 느낌과 원망과 당황함은 모두 아주 정상이라는 사실로 기억하는 것이 도움이 될 것이다.

그리고 그녀의 경험이 쌓여 감에 따라서 자신감은 늘어갈 것이다.

하나님의 원(原)창작품

 이 장을 전개하면서 당신의 아기가 똑똑하다는 사실을 당신에게 상기시켜야겠다. 이 세상에 당신의 자녀와 똑같은 아이는 하나도 없다. 그는 문자 그대로 하나뿐이다. 그의 특수한 유전자의 결합은 전에도 없었고 후에도 없을 것이다. 그의 표찰에는 "하나님의 원창작품"이라고 써 있다. 그러니까 당신 아기의 성장이 많은 책에 나오는 "전형적인" 아기의 성장 계획표와 맞지 않는다 하더라도, 당신 아이가 무언가 잘못되었다는 결론을 섣불리 내리지 않도록 하라. "평균"의 아기는 어떠해야 한다고 적혀 있는 책을 읽고 마음속에 그리고 있는 모습에다가 그를 맞추려고 애쓰지 말라. 그를 독특한 채로 놓아 두라.
 부모로서의 당신의 역할은 당신의 자녀가 그 독특성을 개발하도록 돕는 것이다. 이것은 대단히 중요한 것이다. 그에게는 당신의 도움과 격려가 필요하다. 만약 당신이 먹고 잠자는 그의 개인적인 형태와 아기로서의 기질과 기분을 받아 준다면 그의 후기 성장 단계에서도 그의 개성을 받아들이기가 좀더 쉬울 것이다.
 만일 자녀를 자신의 형상에 맞추려는 노력을 포기한다면 당신은 좀더 행복한 부모가 될 것이다. 그의 기질에 따라서 자연스럽게 성장할 수 있는 자유를 주도록 하라.

성장 단계

어린이들은 각기 똑같은 일반적인 성장 단계를 같은 순서로 통과한다. 그러나 그 시간표는 다르다. 성장 단계에서 가장 중요한 시기는 생후 처음 몇 년간이다. 당신은 그가 높은 지적 수준에 달하도록 계획표를 작성해야 한다. 이 시기에 그는 다른 시기에는 도저히 있을 수 없는 엄청난 폭으로 성장해 나간다. 어린이가 지닌 지적 잠재력의 50퍼센트는 4살이면 다 발달되고 8살이면 그 80퍼센트가 발달된다(이것은 지식이 아니라 지력이다). 그 후에 교육과 환경으로 그의 지적 능력은 단지 20퍼센트만 변경될 수 있다.

자녀의 성장 단계에서 다음의 네 단계는 대략적인 시간표에 불과하다. 당신의 자녀는 독특하다. 오직 하나뿐임을 기억하라.

1. 영아기(생후 1년간)

아기는 태어나는 순간부터 배우기 시작한다. 갓난아기라도 배우기에는 어리지 않다. 그는 생에 대한 기본적인 윤곽을 습득하고 기본적인 신뢰와 행복감 또는 불신과 불행을 개발시키고 있다. 그에게 주어지는 환경은 그가 어떤 자아 개념을 갖게 될지를 크게 좌우할 것이다.

1. 첫 3개월

이 시기의 갓난아기가 성장하는 데 있어서는 기본적으로 7가지가 필요하다. 그 필요들을 만족시켜 주는 것은 그에게 기본적인 신뢰와 좋은 자아 개념을 가르치는 시초가 된다.

1. 배고픔

갓난아기가 온통 입과 배로만 된 것 같지만 아기는 배고픔의 고통을 짙게 느낀다. 아기는 먹고 난 뒤 배고픔의 고통으로 깨어날 때까지 다시 잠을 잔다. 성장에 따라 그가 깨어 있는 시간은 점점 길어진다. 그의 배고픔은 단순히 먹여 줌으로써 쉽게 만족될 수 있다. 모유를 먹일 것인가, 우유를 먹일 것인가 하는 큰 쟁점이 있다. 우리가 그처럼 단순한 사실을 그렇게 복잡하게 만든다는 것은 부끄러운 일이 아니겠는가? 하나님께서는 아기가 태어난 뒤에만 모유가 나오도록 만들어 놓으셨다. 선택의 여지가 없기 때문에 성경에는 다른 선택권이 나와 있지 않다.

모유를 먹이는 이점은, 그것에 자동적으로 모든 아기의 성장에 필수적인 요소인 안아 주고 쓰다듬어 주는 것이 포함되어 있다는 것이다. 불행하게도 우유를 먹는 아기의 경우, 종종 그 어머니들은 너무 바빠 안고 있을 수 없기 때문에 우유병만을 받쳐 놓는다. 당신은 사용할 방법을 선택할 자유가 있다. 그러나 당신이 만약 우유를 먹일 것을 택한다면 반드시 우유를 먹일 때마다 당신이 우유병을 쥐고, 아기를 안고 먹이도록 해야 한다. 그렇지 않으면 당신은 아기가 적합하게 성장하는 데 필요한 중요한 요소를 빼앗게 되는 것이다.

그러면 이제 한 가지 질문이 떠오른다. 아기에게 언제 젖을 먹일 것인가? 짜여진 시간표대로 먹일 것인가 아니면 그저 배고파할 때마다 먹일 것인가? 그는 유일한 피조물이다. 한 아이에게는 알맞은 시간표더라도 다른 아기는 만족시킬 수 없을지도 모른다는 사실을 기억하도록 하라. 아기마다 배고픔은 매일 다를 수도 있다. 배가 고프면 아기는 좌절감을 느낀다. 그는 지금 먹기를 원하는 것이다. 한 의사가 말하기를 아기가 먹기 위해 30분을 기다려야 한다는 것은 마치 어른이 3일을 기다리는 것과 같다고 했다. 아기가 배가 고플 때 먹여 주지 않으면 울음으로 반응을 보인다. 그러나 오래 기다리게 하면 할수록 아기의 울음소리는 더 커지고 더 끈질기게 된다.

시간이 갈수록 울음 소리의 질과 음조가 달라진다. 이제 그의 울음 소리는 분노의 음조를 띤다. 그는 아무도 자기에게 관심을 쏟지 않기 때문에 화를 내는 것이다. 결국 그는 자기가 아무리 울어도 그 우는 것으로는 자기의 필요를 채우기 위한 관심을 끌 수 없음을 발견한다. 그는 계속 화를 내든지 아니면 무기력하고 냉담해져서 아무도 관심을 보이지 않을 것이라 생각하고 약해지며 포기해 버린다. 어떤 편을 택하든지 그는 근본적인 불신을 배우게 된다.

만일 당신(부모)이 어린 아이가 태어난 직후로부터 그의 개인적 존엄성을 존중한다면, 그 이상 더 좋은 것이 어디에 있겠는가! 당신의 아이가 배고플 때에 그를 적절히 먹여 준다면 당신은 그의 강하고 건강한 개성을 키우는 데에 도움을 주는 것이다.

2. 따뜻함

이 분야는 대부분의 부모들에게 상기시킬 필요가 없는 부분이다. 많은 소아과 의사들이 말하기를 어떤 젊은 어머니들은 갓난아기에게 옷을 너무 많이 입혀서 지나치게 덥게 해준다고 한다. 기억해야 할 중요한 사실은 아기가 추위를 느끼도록 해서는 안 된다는 것이다. 바람은 추위를 느끼게 하는 요소이다. 어린 아기를 노출시켜서는 안 된다.

3. 수면

위의 두 가지 필요가 채워지면 아기는 스스로 이 수면의 필요를 해결한다. 아기는 충분히 자고 나면 스스로 깬다. 아기가 잘 때 집안에서 쉬쉬하지 않도록 하는 것이 좋은 습관이다. 적당한 소음을 그냥 놓아 두면 아기는 그러한 환경에서 잠자는 능력을 배울 것이다.

때때로 아무 이유없이 아기가 한밤중에 깨어서 울어댈 때가 있다. 그는 뱃속이 거북하거나 콜릭(colic)으로 인하여 어떻게 해줄 수 없을 정도로 된다. 안아 주거나 쓰다듬어 주어도 아무런 위로가 되지 않고 울음도 그치지 않는다. 그러한 순간들은 젊은 부모들에게 대단한 시련이다. 한 시나 두 시쯤 되는 한밤중에 좌절감을 느끼고 겁이 나고, 심지어는 잠을 자지 못하고 아기를 위해 아무 것도 해줄 수 없다는 사실에 화가 날 수도 있다. 당신이 감정을 조절하지 못하고 아기를 때리거나 소리지를 상황에 이르게 되면 충고하노니, 즉시 방을 떠나 혼자서 그 화를 하나님께 자백하도록 하라. 당신이 만약 그 시간에 자신의 감정을 조정할 수 없다면, 무기력한 아기에게 눈에 보이는 해를 끼치기 전에 당신을 도울 수 있고 충고해 줄 수 있는 목사님의 도움을 받도록 하라.

4. 안아 주고 얼러 주기

당신이 아기를 흔들어 주고 안아 주고 이야기해 주고 노래를 불러 주지 않는다면, 그는 자기가 사랑을 받는다는 것을 알지 못한다. 그것은 몸으로 나타내어야만 한다. 당신이 아기에게 자장가를 불러 줄 때, 아기는 노래를 불러 주는 엄마의 부드러운 음성으로 사랑을 받고 있다는 사실을 알게 된다. 당신이 원하는 만큼 충분히 그를 사랑하라! 사랑하는 것은 아기를 절대로 "망치지" 않는다.

5. 신체적인 운동

아기가 할 수 있는 신체적인 운동은 극히 제한되어 있다. 그러나 담요 등에 싸지 않은 채 팔다리를 자유롭게 움직일 수 있는 시간이 하루 중 얼마쯤은 있어야만 한다. 남아메리카를 여행하는 동안, 여러 인디안 부족민들이 갓난아기의 팔다리를 똑바로 내려 단정히 묶어 꼭 잡아매는 옷을 입힌 채 두는 것을 보았다. 움직일 수 있는 여유가 전혀 없었다. 두 살이 되도록 그들은 어머니 등에 업혀서 다리 운동을 하지 못한다. 당신이 아기의 정신을 지적으로 점차 개발시켜야 하는 것과 마찬가지로 그들의 신체도 매일매일 팔다리 운동이 필요한 것이다.

6. 기저귀 갈기

마땅히 기저귀 가는 데에 주의를 기울여야 한다. 더러워진 기저귀를 싫어하고 갈아 주지 않는 부모는 나중에 대소변 가리기 훈련을 성공적으로 시키기가 더욱 어려울 것이다. 당신은 기저귀를 가는 데 있어서 좀더 여유있는 태도를 취하는 것이 좋다. 아기는 추운 방에 있지 않는 한 젖은 기저귀 때문에 괴로워하지는 않는다. 그렇다고 그를 그냥 내버려 두어서 습진이 생기게 해도 좋다는 의미는 아니다. 다만 당신이 불쾌하다는 이유로 기저귀를 갈기 위해 일부러 그를 깨울 필요는 없다는 뜻이다.

7. 지각과 지력에 대한 자극

아기들은 그들이 자라면서 이르게 될 최대한의 지적 잠재력을 가지고 태어난다. 그러나 그가 최대한의 지력에 도달하느냐 못하느냐는 그가 태어나서부터 몇 년 동안 얼마나 지각 자극과 지력 자극을 받았는가에 많이 좌우된다. 그는 스스로 냄새 맡고, 듣고, 입에 넣고, 혹은 빨 수 있는 물건을 다룰 줄 알아야 한다. 아기가 삼킬 수 있을 만큼 작은 물건은 아기의 손이 닿지 않도록 조심해야 한다.

2. 3개월에서 6개월

이 시기는 갓난아기에서 유아기로 옮겨 가는 때다.

아기는 사물에 손을 뻗침으로써 자기 세계를 탐구하기 시작한다. 그는 눈과 귀와 입으로 자기 환경을 탐구한다. 이 시기의 아기는 모든 것을 시험하기 위해 입으로 가져 가기 시작한다. 그것이 바로 그가 자기 주위에 있는 것들을 발견하는 방법이다. 그는 손을 사용해서 사물을 쥐어 보고 만져 보고 나서 그것들을 좀더 탐구해 보기 위해 입으로 가져 간다. 그가 손가락을 빨기 시작하는 것을 보고 놀라지 않도록 하라. 그것은 그가 조용히 그의 새로운 세계의 모습과 소리에 대해 배울 수 있도록 하나님께서 주신 만년 젖꼭지인 것이다.

태아 때 이미 손이 입에 닿아 있었으므로, 이 시기에 있어서 그것은 정상적인 성장 단계로 본다. 이 시기에는 딸랑이와 소리나는 고무 장난감이 좋다. 그리고 장난감을 잘 살펴보아서 아기가 삼킬 만한 부착물이 달려 있지 않은가를 확인한다. 아기를 위한 헝겊 장난감은 부드럽고 껴안을 수 있는 것이 좋다.

이 시기는 아기가 울타리 안에서 놀도록 가두어 둘 수 있는 유일한 시기이다. 그는 너무 어려서 혼자 움직일 수 없지만 다른 사람들에게 둘러싸여 있는 것을 좋아한다. 이 시기가 지나면 그는 여기저기 혼자 움직이기를 원한다.

3. 6개월에서 9개월

아기에게 새로운 환경에 적응할 수 있는 시간을 주어라. 그에게 낯선 사람을 소개할 때는 천천히 하도록 하라. 소개한 결과 아기가 운다면 두렵다는 것을 당신에게 알리는 것이다. 이 시기에 낯선 사람을 향해 두려움을 느끼는 것은 아주 흔한 일이다. 이 시기에는 옹알이가 늘고 소리를 내는 일이 많아진다. 이가 처음 나오고 기어다님으로써 활동적인 가족의 일원이 될 것이다. 그는 자기 특유의 의사소통 형태를 배운다. 옹알거림과 몸짓을 통해서 그는 자기가 원하는 바를 표시할 수 있다.

이 시기에는 물장난이 가장 안정되고 기분 좋은 활동일 것이다. 그는 철벅거리기를 즐기지만 역시 불안정하다. 그러므로 물밑을 얕게 해서 두려운 느낌을 없애고 물에 빠지는 일이 없도록 조심해야 한다.

그에게서 눈을 떼어서는 안 된다. 이 시기의 아기를 놀이 울타리 속에 가두어 둘 수는 없지만 방 한구석이라도 위험한 것이 없는 장소를 마련해 주어야 한다. 그는 한번에 30분간은 혼자 즐겁게 놀 수 있다. 그는 플라스틱 접시나 컵과 같은 단순한 가정용품을 가지고 노는 것을 즐긴다.

4. 9개월에서 12개월

이 시기가 되면 아기는 걸을 수도 있고 몇 개월 더 늦게 걷기 시작할 수도 있다. 기저귀를 갈아 주거나 옷을 입힐 때 아기는 더 이상 가만히 있거나 수동적이지 않을 것이다.

그는 아주 간단한 게임에서 단순한 협동을 보이기 시작한다. 당신의 아기는 자기에게 이야기해 주는 것을 상당히 많이 이해할 수 있을 것이다. 당신은 물건을 알려 줄 때 한 단어로 그에게 이야기함으로써 그를 가르칠 수 있다. 이 시기가 바로 아기에게 책을 보여주기 시작할 때다. 그는 어쩌면 책들을 입으로 가져 갈지도 모르지만, 그것은 그가 새로운 물건을 조사해 보는 방법이라는 사실을 당신은 기억해야 한다. 아기의 책은 헝겊이나 두꺼운 종이로 되어 있어야 하며, 단순한 그림과 한두 마디 말로 되어 있어야 한다. 그가 책장의 맛을 보거나 끌어안거나 두드리도록 놓아 두라.

이에 대한 당신의 올바른 반응이 좋은 책에 대한 그의 사랑과 감상에 기초가 될 것이다.

2. 걸음마기(1살에서 2살까지)

걸음마기는 아기가 걷는 것을 배우자마자 시작된다. 그가 전에는 닿지 못하던 곳까지 집안을 조사해 볼 수 있기 때문에 그에게는 굉장한 날들이다. 기어다닐 때는 갈 수 있는 곳이나 가는 속도가 제한되어 있었지만, 이제는 탐구할 수 있는 새로운 세계가 열려 있는 것이다.

1. 아기 위주의 집

아기가 새로운 것을 탐구하기 시작하면 당신은 아기를 보호하기 위해 어떻게 하면 아기 위주의 집을 만들까를 연구하기에 바쁠 것이다. 이 시점에서 어머니는 어떤 유형의 아기를 원하는지 결정해야 한다. 흠없는 집과 수동적이고 자기 의심에 가득 찬 아기를 갖든지, 아니면 다소 흐트러진 집과 좋은 자기 평가를 가지고 자신감이 발달되어 있는 아기를 갖든지.

걸음마하는 아기가 어른 위주로 된 집에서 자라나면 탐구하려는 그들의 호기심과 욕망은 억제로 말미암아 차단되고 만다. 걸음마하는 아기가 이 시기에 나타내는 호기심은, 나중에 학교와 직장에서 그를 성공시킬 수 있는 호기심과 같은 것이다. 그가 다치지 않도록 보호해 줄 필요는 있지만 배우고 싶어하는 그의 욕망을 차단시키지는 말아야 한다. 한 전문가는, 집에 아기를 보호하기 위한 안전 예방 조치를 하는 것이 아기에게 중상을 입히거나 목숨을 앗아 가는 사고의 50퍼센트 내지 90퍼센트는 막을 수 있다고 한다.

2. 보호는 하지만 과잉 보호는 하지 말라

이렇게 움직일 줄 알게 된 아기를 보호할 필요는 있지만 과잉 보호를 해서는 안 된다. 거기에는 큰 차이가 있다. 그는 자신을 지키기에 너무나 어리기 때문에 자기를 위험으로부터 보호해 줄 부모가 필요하다. 그러나 위험성이 없는 상황에서의 보호는 과잉 보호이며, 그것은 당신의 자녀를 두려움으로 채울 것이고 또한 세상에 대처해야 할 그의 능력에 결정적인 영향을 미칠 것이다. 당신이 그를 보호하는 방법과 상황에 따르는 반응으로 말미암아 자녀의 감정 속에는 비정상적인 두려움이 생길 수 있다.

3. 손가락 빨기

당신의 자녀가 만약 한 살 때 손가락을 빨았다면 두 살 때는 차츰차츰 줄여서 없애야 할 것이다. 그래야 좀더 활동적이 되고 좀더 다양한 물건으로 즐길 줄 알게 된다. 아기는 피곤해지거나 짜증이 나거나 지루해지면 손가락을 다시 입으로 가져 가게 될 것이다. 손가락 빠는 것의 대치로서, 어머니들은 털이나 헝겊으로 된 동물을 안겨 주는 것이 좋겠다. 어린 아이가 보잘것없는 아기 곰 인형이나 심지어는 다 떨어진 담요 조각일지라도 사랑하고 돌보아 주는 것은 정상적인 일이다. 그는 그것이 필요할 때 그와 같은 위안 거리에 의지할 수 있어야 한다.

당신의 아이가 대학생이 되어서도 담요 조각을 가지고 다니게 될까봐 염려하지는 말라. 담요 조각에 대한 당신의 태도가 정상적이고 용납하는 것이었다면, 그는 때가 되면 그것을 조정할 것이다. 어린이들이 성숙해지면 그러한 필요를 다른 사람들과의 관계에서 그리고 좀더 흥미있는 일에 참여함으로써 만족할 수 있게 될 것이다.

4. 먹는 습관

많은 부모들이 아이가 아직 어린 나이라고 해서 나쁜 식사 습관을 그대로 허용하고 있다. 나는 어린 아이를 데리고 나온 어머니들이 사탕과 과자와 아무 영양가도 없는 음식들을 식품점에서 잔뜩 사는 것을 보았다. 설탕이나 전분이 많은 음식은 이를 상하게 하며 때로는 당뇨병을 일으키기도 한다. 그러한 음식은 그 자체가 해로울 뿐만 아니라, 입맛을 잃게 해서 좀더 영양가 있는 음식을 먹지 못하게 한다. 아기나 어린 아이를 가진 부모들은 자녀들에게 처음부터 좋은 식사 습관을 갖도록 훈련시켜야 한다.

조화된 식단을 짜고 아주 분명한 규칙을 만들어서 아이들이 그것을 당연한 것으로 받아들이게 하라. 특히 몸이 성장함으로 말미암아 영양가 많은 음식을 필요로 하는 어린 시절에는 더욱 그렇다. 때때로 예외가 있을 수도 있지만 그것은 최소한으로 제한해야 한다.

이 시기에 어린이는 종종 음식을 가지고 까다롭게 굴기가 쉽다. 만약 그들이 처음 1년 동안에 계속 같은 비율로 먹어서 키도 크고 살도 찐다면 그것은 정말 축복이다. 또한 그렇게 된다면 그의 식욕은 그의 부모가 바라는 대로 매일매일 변하게 될 것이다.

어머니들이여, 당신의 자녀가 충분히 먹지 않는다고 안달하거나 염려하지 말라. 어머니들은 어린 자녀가 야채를 먹지 않는다고 대단히 염려한다. 어머니가 야채를 먹으라고 압력을 가할수록 아이는 그것을 더욱 싫어한다. 아이가 먹지 않으면 않을수록 어머니는 더욱 애를 태우고 걱정을 한다. 결국 어머니들은 전에 문제가 되지 않았던 먹이는 문제로 고민하게 된다. 그것은 전혀 불필요한 일이다.

어린 아이의 자연적인 배고픔이 당신편이라는 사실을 기억하라.

어린 아이에게 잘 조화된 식단을 제시하고 그냥 놓아 두어라. 조만간 그 아이에게 배고픔이 찾아올 것이며, 그 아이는 당신이 제시한 것을 먹을 것이다. 단 것이나 전분이 많은 간식은 주지 않도록 해야 한다. 그 애가 어떤 음식에 대해서 다시 관심을 돌릴 수 있는 자유를 허용하라. 그것을 문제시 삼지 않는다면 다음부터는 그것이 그 아이가 가장 좋아하는 음식이 될 것이다.

때로는 이 시기에 당신의 자녀는 스스로 숟가락질을 하고 싶어 할 것이다. 그가 배울 수 있는 길은 하나뿐이다. 그것은 숟가락을 쥐고 시작하도록 도와주는 것이다. 잘할 때까지 음식을 흘리고 떨어뜨리고 하겠지만, 그것은 독립으로의 큰 한걸음이 될 것이다.

5. 대소변 가리기 훈련

대부분의 어머니들은 기저귀에서 벗어나려고 아주 성급히 군다. 왜 안그러겠는가? 어디를 가든지 항상 기저귀를 챙겨 가지고 다니는 것은 귀찮은 일이다. 아이가 기저귀 차는 일에서 벗어나서 대소변을 스스로 가릴 줄 알게 되는 날은 굉장한 날이다. 그러나 너무 일찍 대소변 가리는 훈련을 시키면 심리적인 압박을 줄 수가 있으며, 그렇지 않다 해도 최소한 어머니의 시간과 노력을 낭비하게 된다.

한 유명한 의학박사는 어린이가 두 살이 넘을 때까지는 담낭과 창자를 조절하는 데 필요한 신경 근육이 완전히 발달되지 않는다고 말한다. 그러므로 그는 다섯 살이 되도록 오줌을 싸는 어린이들은 대개 어떤 면에서든지 대소변 가리는 훈련을 잘못 시킨 경우가 많기 때문이라고 말했다. 또 다른 존경할 만한 소아과 의사는, 어린이는 두 살이 되기 전에는 대변을 가릴 수 없고 세 살이 되기 전에는 소변을 가릴 준비가 되어 있지 않다고 말한다. 어린이는 다섯 살까지는 오줌싸개라고 해서는 안 된다고 그는 덧붙였다.

친애하는 어머니들이여 인내를 가지라. 그리고 당신이 기저귀를 갈 때마다 당신의 자녀가 정상적인 어른으로 성장하는 것을 돕고 있다는 사실을 상기하라.

6. 장난감으로 교육하기

이 시기에 있어서 책은 어린이의 생활에서 아주 중요한 부분을 차지한다. 그는 틀림없이 책들을 찢고 씹는 것으로 조사하려고 할 것이기 때문에 여전히 헝겊이나 딱딱한 종이로 만든 책이 필요하다. 당신은 걸음마하는 나이부터 단순한 동화책이나 성경 이야기를 읽어주어라. 그는 구유에 누이신 아기를 볼 때 "예수님"하고 말하는 등 차츰 들은 이야기를 곧 한 단어로 인지할 수 있게 된다.

아기의 크고 작은 근육을 발달시킬 수 있는 장난감은 굉장히 많다. 몇 가지 예를 들자면 낮은 미끄럼틀, 정글 짐(나무나 철봉을 종횡으로 조립하여 만든 아동용 운동 시설), 양동이와 삽이 든 모래 상자, 진흙으로 만든 물 항아리, 귀여운 동물, 인형, 소리와 리듬이 있는 음악 등이다.

7. 회초리 들기

두 살짜리 아이를 때리는 것은 때때로 필요하지만 꼬마의 행동을 잘못 해석하여 회초리를 들어서 적대감을 갖게 하거나 파괴적이 되지 않도록 조심해야 한다. 어쩌면 단순히 호기심을 구사하는 것일지도 모르고, 그 나이에 맞는 정상적인 행동을 하고 있는 것인지도 모른다. 두 살짜리 꼬마가 전기 플러그를 가지고 놀려고 손을 뻗칠 때, 어른이 바른 이치를 설명해도 아이는 이해하지 못한다. 그는 자연적인 결과로 고통을 받기에는 너무나 어리기 때문에 그럴 경우에는 체벌하는 것이 필요하다. 기저귀를 착용하고 있으니까 따끔하게 손바닥을 때리는 것이 좋다. 그는 플러그에 손을 뻗치려고 할 때마다 몸에 상처를 입지 않고도 불쾌한 경험을 상기시키게 될 것이다.

기질의 특성은 이 시기에 그 첫 징조가 드러나기 시작한다. 현명한 부모는 자녀를 잘 돕기 위해 정신을 차리고 그것들을 다룰 것이다.

담즙질의 꼬마는 다른 아이들에게 난폭하게 굴고 장난감을 독점하며 강한 자기 의지를 구체적으로 나타내기 시작한다. 이 어린 아이에게서 그 의지는 깨뜨릴 필요가 있지만 그 정신은 깨뜨리지 말아야 한다. 만약 꼬마에게 언니나 오빠가 있었으면 그렇지 않을 것이라고 너무나 많은 부모들이 변명을 한다. 그러나 사실은 언니나 오빠가 있어도 아마 별 차이가 없을 것이다. 그 꼬마는 담즙질처럼 행동하고 있는 것이다. 그 부모가 기꺼이 꼬마의 그러한 이기심을 다루려고 한다면 강하고 시종 일관한 훈련으로 가르치는 것이 필요하다. 세 살이 지난 다음에는 해를 거듭할수록 그것을 깨뜨리기가 점점 어려워질 것이다.

다혈질의 꼬마는 격렬한 성격을 가지고 있으며, 소리를 지르고 몸이 굳어지면서 얼굴이 빨개지는 것으로 그 성격을 드러낸다. 분노가 너무 빨리 타올라서 부모가 주의해 보기도 전에 자기를 화나게 만든 사람에게 장난감을 집어 던진다. 그가 회개의 눈물을 펑펑 쏟는다 해도 그와 같이 조정할 수 없는 분노는 그가 위험한 존재가 되기 전에 나타내자마자 다룰 필요가 있다. 그의 발작적인 격노가 다른 아이들을 해치도록 허용해서는 안 된다.

점액질의 꼬마는 이 시기에 수동적이어서 참여자가 되기보다는 방관자가 될 것이다. 그의 약점들이 드러나려면 좀더 오랜 시간이 걸릴 것이므로, 아마도 이 시기에서 그는 다루기 쉬운 꼬마일 것이다.

우울질의 꼬마는 칭얼대는 성격으로 알아볼 수 있다. 그는 할머니가 아기 보는 사람에게 맡겨 두려고 할 때 떨어지지 않으려고 하는 경향이 있다. 이 어린이는 다른 아이보다 더 사랑을 받아야 하고 좀더 안정감을 주어야 한다. 직접적인 반항을 보일 때만 때려야 하며 때린 다음에는 당신이 용서해 준다는 것을 확인시키는 사랑과 상냥함이 뒤따라야 한다.

부모는 어떤 것이 아이에게 가장 효과적인 도움이 되는가, 그리고 칭얼거림이나 꼭 매달리는 그 이면에는 실제로 무엇이 있는가— 자기 뜻을 세우려는 것인가 아니면 정말 불안해서 그런가— 에 아주 민감해야 한다.

8. 결 론

전문가가 말하기를 태어나서부터 다섯 살까지는 아이들을 키우고 대처하기가 한 해 걸러씩 어렵다고 한다. 다시 말하면, 일반적으로 홀수 나이(1살, 3살, 5살)의 어린이는 함께 있기가 즐거운 나이이나, 짝수 나이(2살, 4살)는 변천하는 단계라서 귀여운 아이라기보다는 밉살스러운 괴물처럼 행동할 때가 많은 어려운 시기라는 것이다. 대부분의 부모들은 한 살과 두 살 때가 학교 가기 전의 훈련 기간 중에서 가장 화가 나는 시기라는 데에 동의할 것이다. 그러나 당신이 그 분별없는 어린 괴물과 함께 살 수 없다고 느낄 즈음에 그는 세 살에 접어들 것이고 차츰 나아지기 시작할 것이라는 사실을 기억하라.

3. 믿을 만한 세 살

　이제 당신은 좀더 호감이 가는 세 살짜리 꼬마로부터 새로운 협동정신을 기대할 수 있을 것이다. 이에 앞서 부모 대신에 아이가 가족을 지배하려고 하는 것처럼 생각될지도 모른다. 그러나 만약 당신이 지배하려는 그의 욕망에 적절하게 대응해 준다면 당신은 좀더 즐거운 가정 분위기를 갖게 될 것이다. 세 살짜리 꼬마는 언니나 오빠 그리고 부모의 승인을 얻으려는 욕망을 가진다. 그는 혼자 옷을 입는다든가 혹은 전에는 화를 내던 일에 좀더 인내를 가지게 된다. 그는 다른 아이들과 주고받는 일을 더 잘할 수 있게 된다.
　세 살짜리는 함께 놀 친구를 갈망하기 시작한다. 독립하려는 그의 욕망은 그로 하여금 어머니로부터 부분적인 분리를 원하게 만든다. 이것은 그들의 성장 단계에 있어서 정상적인 부분이므로 어머니들은 그럴 때 위협을 느껴서는 안 된다. 그는 여전히 어머니의 안정과 보호를 원하지만 어느 정도의 독립과 자기 또래의 친구들이 필요한 것이다.
　그것은 자녀에게 있어서 아주 중요한 단계이므로 아주 자연스럽게 다루어져야만 한다. 그가 학교에 다니기 시작하면 오랜 시간을 떨어져 있게 되므로 그것을 위한 준비 단계로써 짧은 동안의 분리기간에 어떻게 대처할 것인가를 배워야 한다. 그를 이웃집 어린이들과 함께 놀러 나가는 모험을 하게 하든지, 또는 가까운 곳에 좋은 보육원이 있다면 처음에는 1주일에 서너 시간씩 다니도록 해도 좋겠다. 이것은 제한된 짧은 기간의 분리를 제안하고 있음을 유의해 주기 바란다. 이것은 어린 아이를 전적으로 보육원에 입학시키라는 말이 아니다. 세 살에도 그들의 개발 여지는 대부분 어머니와 자녀와의 관계에 기초를 두고 있음을 유념하기 바란다.

　어린이가 세 살에 들어서면 "나 혼자 할 수 있어"라고 해서 극단적으로 독립적인 태도를 보이기도 하고, 맥빠지고 무기력하게 "나는 할 수 없어"라고도 해서 어머니를 혼란스럽게 할 것이다.

이 단계에서는 부모들이 시종 일관한 규칙을 세우고 통제하는 것이 현명한 일이지만, 절대적인 순응을 너무 많이 요구하지 않도록 한다.

그러나 그는 부모와 사회가 그에게 요구하는 것에 순응하고, 동시에 건전한 주체성을 개발하는 법을 배워야만 한다. 당신은 제한과 요구들을 조심스럽게 숙고해 보아야 한다. 그것들은 합리적이고 시종 일관한 것이어서 당신이 그러한 제한들을 당신과 당신의 자녀에게 올바로 맞출 수 있어야만 한다.

이와 같이 우리는 어린 나이에 "여성다움"과 "남성다움"에 대해서 엄격할 필요가 없다. 세 살짜리 여자 아이가 트럭이나 대포를 가지고 놀고 싶어한다면 그냥 허용해도 해롭지 않다. 그리고 세 살짜리 남자 아이가 소꿉장난이나 인형을 가지고 놀겠다고 한다면 그렇게 하도록 놓아 두어도 해롭지 않다. 많은 어머니들은 여자 아이들이 상상적인 연극놀이를 한다면 구식 정장을 입혀 놓는다. 남자아이에게도 그렇게 해주면 어떨까? 보통 연극을 하고 싶어할 때, 그들은 드레스를 입고 모자를 쓰고 굽 높은 구두를 신어야 한다. 만약 당신이 아빠의 낡은 바지와 모자와 장화를 준다면 그는 남자로서 연극놀이를 할 수 있다. 그러나 만약 그가 하루는 드레스를 입고 싶어했다가, 다음날은 바지를 입고 싶어한다고 해도 놀라지 말라.

그러한 선택은 그가 비정상이라는 표시가 아니다. 중요한 사실은 어린 소녀나 소년에 대한 엄마, 아빠의 태도다. 만약 엄마와 아빠가 딸의 유순하고 상냥한 성격과 팔랑거리는 곱슬머리로 그 여성다움을 인정한다면, 마땅히 아들에게도 남성다운 거칠음과 말썽부리는 성격에 대해서 똑같은 관심을 주어야 한다.

어린 아이의 생활에 있어서 가장 중요한 사람은 그의 어머니이기 때문에, 남자 아이든지 여자 아이든지 어릴 때부터 어머니와 동일시하려는 경향이 있다. 결국 그때까지 그들은 매일 대부분의 시간을 어머니와 함께 생활하지 않는가. 어머니를 사랑하기 때문에 남자나 여자 아이들은 어머니와 같이 되고 싶어한다.

그러나 대부분의 아이들은 그들 자신의 독립된 심리적인 발달로 분리되기 시작된다. 취학 전의 아들에게 있어서 아버지와 함께 시간을 보내는 것은, 그에게 결핍된 남자의 영향력을 주기 위해 아주 중요한 일이다(취학 전의 딸에게도 역시 그와 같은 관계는 중요한 것이다). 당신의 자녀들과의 그와 같은 초기 접촉은 나중에 좋은 부자 관계 혹은 부녀 관계를 갖게 해줄 것이다.

어린 소녀나 소년에게는 흉내낼 수 있는 모형이 필요하다.

1. 너무 지나친, 혹은 너무 부족한 통제

우울질적인 그리고 담즙질적인 부모는 다른 기질의 부모보다 더 엄격하고 지배적이다. 그들은 지나치게 많은 요구를 하며 그것은 자녀를 지나치게 조정하는 결과를 낳는다. 부엌 바닥에 니스칠을 새로 하거나 목욕탕에 새 수건을 걸어 놓는 어머니는, 집이 자녀들을 위해 마련된 것이지 자녀들이 집을 위해 있는 것이 아님을 기억해야 한다. 부모의 지나친 통제는, 그 나이의 어린이에게 전형적으로 나타나는 어린 아이다운 충동과 감정적인 폭로에 대해서 너무나 너그럽지 못한 것이다. 그 반응은 각 아이들의 기질에 따라서 아주 다양하게 나타난다.

1. 다혈질의 어린이

그와 같은 유형의 지나친 통제는 다혈질에 의해서 아주 심한 저항을 받는데 그는 불합리한 제한을 받기 때문에 눈물로써 그것을 크게 분출시킬 것이다. 모든 성장 단계가 부모와 자녀 사이의 의지의 전쟁터가 되며, 누가 이기든지 상관없이 자녀는 그 단계에서 개성이 개발될 수 있는 잠재력을 잃게 된다. 그것은 당연히 반항적인 아이가 되는 시초가 된다.

2. 담즙질의 어린이

담즙질의 어린이는 외적으로는 다혈질보다 감정적인 노출을 다소 통제할 수 있지만, 내적으로는 다혈질만큼 격렬하게 저항하며 그 격렬함을 쌓아 둔다. 불행하게도 그는 자기 자신의 기질을 개발시킬 자신이 없기 때문에 좌절하며 결과적으로 반항적으로 된다.

3. 점액질의 어린이

이 기질은 아무 불쾌한 충돌없이 반응을 나타낸다. 그러나 최종적인 결과는 조용하고 수동적이며 겁많은 아이가 되어 새로운 일에 부딪치거나 뚫고 나가기를 두려워하는 수줍어하고 진취적이지 못한 어른이 되기 쉽다. 어쨌든 이 기질은 겁을 내기가 쉽기 때문에 물러서기보다는 좀더 단호한 결정을 내리도록 격려해 줄 필요가 있다.

4. 우울질의 어린이

이 기질의 어린이는 외적으로는 부모의 지나친 통제에 동의하는 것처럼 보이지만 내적으로는 적대감이 부글부글 끓어 오른다. 그는 불평하면서도 자기에게 기대하는 것을 한다. 하지만 숨어서 자기가 하고 싶은 것을 한다. 그의 적대감은 어떤 값진 것을 파괴하거나 동생인 아기를 꼬집는 것으로 나타낸다.

우울질은 자라서 마음이 좁고 자기 의를 내세우며, 외적으로는 경건하지만 도덕적으로나 내적으로는 적대감으로 가득 찬 사람이 된다.

세 살짜리에게 부모가 지나치게 통제를 하지 않는 것도 똑같은 문제를 가져 온다. 다혈질과 점액질의 부모들이 주로 그러한 죄를 범한다. 점액질은 애정이 깊고 충돌을 원치 않기 때문에, 다혈질은 지극히 태평하고 변덕스러우며 모든 일이 될 대로 되라는 태도를 가지기 때문이다. 그런 부모들은 세워 놓은 한계와 통제에 의해 생활하기를 자녀들이 거부하면, 그들에게서 즉시 통제를 풀어 놓고 멋대로 굴게 내버려 둔다. 그러면 아이들은 즉시 부모의 역할을 하게 되고 가정의 통제권을 떠맡게 될 것이다. 그리고 그러한 아이들은 학교에 들어가서, 교사와 학우들이 규칙에 어느 정도 순응해 주기를 요구할 때 어려움을 겪게 될 것이다.

부모들은 자녀들이 가정에서 규칙에 순응하는 것을 배우도록 해줌으로써 학교와 사회에 적응하는 것을 크게 도울 수 있다.

2. 대소변 가리기 훈련

이 부분은 자녀들에게 대소변 가리기 훈련을 어떻게 시킬 것인가에 대한 구체적인 설명을 하기 위한 것이 아니다. 이 제목에 대해서는 의사들이 아주 자세하게 기록한 책들이 수없이 많다. 나는 올바른 대소변 가리기 훈련과 이 새로운 기술에 대한 당신의 태도가 미치는 영향들을 생각해 보려고 한다.

아이가 그 훈련을 기꺼이 받으려고 하지 않는 한 당신이 자녀를 훈련시킬 수 없다는 것은 말할 필요도 없다.

"말을 물가로 인도할 수는 있지만 물을 먹여 줄 수는 없다"는 옛말이 대소변 가리기 훈련에도 적용될 수 있다.

"아이를 화장실로 데려갈 수는 있지만 대소변까지 보게 할 수는 없다는 것이다."

아기가 옛날의 편리한 배설 방법을 포기하도록 하는 원동력은 자기 어머니와의 원만한 관계에 달려 있다. 그는 새로운 생활 방법에서 성공했을 때 어머니의 사랑과 관심의 보상을 받는 것을 기뻐한다. 성공적인 대소변 가리기 훈련은 어머니와 자녀 사이의 좋은 관계를 요한다.

당신이 만약 너무 빨리 가르치려고 그 길을 서서히 닦아 놓지 않고 그에게 압력을 가한다면, 그는 쉽사리 무기력함과 좌절감을 느끼게 될 것이다. 그것은 아이에게 있어서 복잡한 일이다. 실패나 실수에 대해서 벌을 주는 것은 아이의 마음속에 공포와 분노와 고집과 심지어는 도전까지도 자아낼 수 있다. 대소변 가리기 훈련에 있어서는 절대로 벌을 주어서는 안 된다.

대소변 가리기 훈련에 관해서 어머니들에게 몇 가지 제안을 하자면, 태평하고 느긋한 태도로 임해야 한다는 것이다. 평범하게 하고 서두르지 말라. 같은 또래의 다른 아이들이 모두 대소변을 가릴 줄 안다 해도 당신의 아들이나 딸은 독특하다는 사실을 기억하라. 그는 한 개인이다. 그는 많은 실수를 하겠지만, 우리 모두가 새로운 기술을 배울 때는 다 그렇다.

3. 잠자리에 드는 의식

이 나이에 아이들은 의식을 아주 좋아한다. 잠자리에 드는 것이 좀더 즐거운 경험이 되게 하려면 "잠자리에 드는 의식"을 세워 두는 것이 좋다. 아빠가 매일 밤 자녀를 위해 잠자리 준비를 해줄 수 있다면 그것은 아주 유익한 시간이 될 것이다. 불행히도 그것은 거친 장난을 하기에는 그리 좋은 시간이 못 된다. 그것은 아이를 지나치게 흥분시켜서 잠들기 어렵게 하며, 심지어는 밤중에 불안정감을 자아낼 수도 있기 때문이다. 활동적인 장난을 하기에 가장 좋은 시간은 아빠가 집에 돌아와서 저녁식사를 하기 전까지다. 그것은 방바닥에서 뒹굴거나 공을 잡으려고 씨름을 하는 등의 장난이다. 만약 이와 같이 이상적인 시간표를 짤 수 없다면, 이 거친 장난은 아빠와 자녀 사이에 아주 귀중한 것이니까 저녁 식사를 마친 뒤에 갖도록 해주어야 한다. 그리고 활동적인 장난에는 약 10분 정도의 짧은 휴식 시간이 마련되어야 한다.

그리고 나서 목욕탕에 가서 씻는다. 대부분의 아이들은 씻는 것을 장난으로 여길 수 있으니까 아빠는 그것을 이용해서 배나 장난감을 물에 띄우고 씻는 일을 감독할 수 있다. 잠옷을 입은 뒤에는 책을 읽거나 이야기를 하기에 이상적인 시간이다. 이 시간에 아빠가 이야기를 해주거나, 책을 읽어 주거나, 심지어는 이야기를 꾸며내는 밤의 의식을 거행한다. 아이들은 재미있는 소리를 흉내내어 꾸며낸 이야기를 좋아한다.

마지막 이야기는 예수님께서 아이들을 사랑하신다든지, 잃어버린 어린 양의 이야기라든지, 구유에 누이신 아기 예수 등과 같이 위로가 되는 성경 이야기여야 한다. 그리고 나서 아이에게 기도하게 하라. 아이들은 그들 특유의 단순하고 더듬거리는 말투로 예수님께 이야기하는 것을 아주 좋아한다. 그들에게는 큰 믿음과 기대가 있으므로 그것을 믿는다. 잘 자라는 입맞춤과 안아 주는 것으로 그 의식을 끝내라. 이 모든 의식은 당신이 포함시키는 것에 따라 40분 내지 60분이 걸린다.

"잠자리에 드는 의식"이 40분 내지 60분이 걸리며, 그것은 엄마보다 아빠가 자녀와 함께 하는 것이 좋다고 내가 제안했을 때, 한 아버지가 불평을 했다. 그는 그런 시간을 낼 수 없다고 했지만, 밤늦게까지 텔레비전을 보면서 앉아 있는 시간은 60분간이나 낼 수 있었다. 당신이 그들을 잠자리에 눕혀 주고 잘 자라고 입맞추어 줄 수 있는 시간은 몇 년 밖에 안 된다. 그리고 많은 부모들이 나중에, 기회가 있었을 때 좀더 충실했으면 좋았을걸 하고 후회한다.

잠자는 시간은 자녀에게 즐거운 시간이 되어야 하며, 당신은 그가 재미있는 경험을 기대하도록 만들어야 한다. 당신은 잠자는 시간을 싫어하거나 두려워하게 만들고 싶지 않겠지만, 어떤 아이들은 어두운 것을 무서워하기 때문에 그럴 수도 있다. 만약 무서워한다면 그를 어두운 방으로 데려가지 않도록 하라. 꼬마 전구의 부드러운 불빛이 그러한 두려움을 없애 준다면 어떻게 해서라도 그의 방에 불을 켜 주라. 그가 자라서도 방에 불을 켜 놓고야 잠을 자게 될까봐 걱정할 필요는 없다. 당신이 만약 그 나이에 그를 이해하고 배려해 준다면 그는 자라면서 그러한 여러 가지 어린 아이 같은 두려움을 극복할 것이다.

4. 질문과 대답

당신이 어린 자녀에게 줄 수 있는 가장 큰 선물 중의 하나는 그의 질문에 대답해 주면서 당신이 이 세상에 대해 가지고 있는 지식을 그에게 나누어 주는 것이다. 가장 이상적인 반응은 자녀가 물어 보는 모든 질문에 부모가 대답해 주는 것이다. 그러나 어떤 부모도 이 나이에 물어 보는 모든 질문에 다 대답해 줄 수는 없다. 때때로 그가 조용히 놀도록 제안하라. 그리고 당신이 생각할 수 있는 시간을 갖는 것에 죄의식을 느끼지 말라. 만약 그러한 질문과 어머니의 답변의 진가를 깨닫는다면 어머니는 그것에 대해서 좀더 나은 태도를 가질 수 있을 것이다. 어머니와 자녀 사이의 질문과 대답의 교차는 그가 계속 경험할 일상생활에 대해 가장 중요한 과정을 가르치는 것이 될 수 있다.

많은 부모들이 아주 바쁜 생활을 한다. 그러나 그들이 자녀들에게 귀를 기울여 줄 수 없을 만큼 바쁘다면 그들은 "너무" 바쁜 것이다. 자녀 교육에 성공하기를 원하는 부모는 자기 자신이 귀를 기울이는 훈련을 해야 한다. 그들에게 귀를 기울일 때 부모는 아이에게 참으로 관심을 가지고 있으며 그를 중요하게 여긴다는 사실을 확인시켜 주는 것이다. 그것은 당신의 자녀에게 좋은 자아 개념을 심어 주는 방법이다. 만약 당신이 그가 말하려는 것을 조심스럽게 듣는다면 그가 마음속으로 무슨 생각을 하는지 알게 된다. 그가 하는 말을 정신차려서 들음으로써 당신은 그의 생각 속에 두려움이나 불안이 생기기 시작할 때 충분한 경고를 받을 수 있다.

다혈질의 어린이는 말을 더 많이 하기 때문에 부모는 그에게 좀더 많이 귀를 기울여야 한다. 점액질의 어린이는 그렇게 말이 많지는 않으니까 그의 부모는 그가 무엇을 말하는가에 대해서 민감해야 한다. 현명한 부모는 그가 말하고 자신을 표현하도록 격려해 줄 것이며, 그들이 자녀에게 귀를 기울여 줌으로써 그것을 성취할 수 있다.

5. 하나님 아버지에 대한 첫 인상

어린 아이들은 알지 못하는 것을 자기가 알고 있는 것과 연결시킨다. 그는 먼저 하나님 아버지에 대해서 듣기는 하지만 볼 수는 없기 때문에, 이 알지 못하는 아버지를 자기가 알고 있는 땅에 있는 아버지와 연결시킨다. 그것이 세 살 때만 국한되는 것은 아니다. 그것은 세 살부터 시작되기 때문에 여기서 언급하는 것이지만 그 다음 몇 년 동안 계속될 것이다. 그는 당신을 지켜봄으로써 하나님의 사랑과 자비와 용서하심을 배운다. 그러므로 당신은 그가 자신의 하나님 아버지로부터 기대할 수 있는 정직한 모습을 그에게 주고 있는가를 확인하라.

6. 책

이 나이에 볼 책들은 구성이 잘된 것이어야 한다. 책을 입으로 가져 간다 해서 그가 책에서 이익을 얻기에는 너무 어리다고 생각하지 말라. 그를 지적으로 자극시키기 위해 가장 빨리 사용할 수 있는 방법 중의 하나는, 그에게 책을 읽어 주고 책에서 풍부한 지식을 얻는 것에 익숙해지도록 해주는 것이다.

이 나이의 어린 아이는 단어와 말 장난에 매혹된다. 그는 리듬이 반복되는 운문 동화 이야기를 좋아한다. 그는 미운 오리 새끼나 아기 돼지 삼형제와 같이 익숙한 이야기를 좋아한다. 부모가 어린 아이에게 동화책을 읽어 줄 때, 그는 그 다음에 어떤 말이 나오는지까지 알아낼 수 있다.

그는 책을 들여다보고 만져 보기를 즐긴다. 이야기에 대해서 질문을 하거나 그림에서 발견한 것을 물어 보라. 그는 그것을 매우 좋아할 것이다. 대부분의 경우, 자기에게 매일 읽어 주기를 원하는 좋아하는 책이 있을 것이다. 당신이 만약 한 문구를 변경시키면 그는 당신에게 이의를 제기하며 고쳐 줄 것이다.

몇 가지 좋은 책들을 소개한다.
- 모퉁이돌 그림 성경 이야기 — 모퉁이돌 출판사
- 아기 성경 이야기 모음 — 생명의 말씀사
- 이야기 극장 시리즈 · 성경 이야기 — 예림당
- 재미있는 성서 그림책 · 무지개 시리즈 — 컨콜디아사
- 한국의 전래 동화 — 예찬사

위에 열거한 것들로는 너무 부족하지만 그것은 다만 당신의 꼬마를 위해 수없이 많은 책들을 찾아 보고 싶은 마음을 불러 일으키기 위해 적어 놓았을 뿐이다. 나이에 따라 책을 분류한다는 것은 정확한 일이 못된다. 그것은 성숙도나 이해력이 굉장히 다양하기 때문이다. 부모들이여, 집에서 자녀들에게 책을 읽어 주기 전에 하나하나 조심스럽게 조사해 보라. 당신만이 그에게 가장 알맞은 책이 무엇인지 결정할 수 있다.

당신이 꼬마를 곁에 앉혀 놓고 다정하게 안아 주면서 당신도 함께 책에 나오는 이야기 속으로 빠져 간다면, 읽어 주는 사람에게도 듣는 사람에게도 즐거운 경험이 될 것이다. 그것은 기억에 남는 경험이다.

4. 장난꾸러기 네 살박이

큰 진전을 보이면서 잘 협조해 오던 세 살박이가 이제는 갑자기 그 협조에서 거의 반대 현상을 보이기 시작한다. 그것은 코를 후빈다든가, 손톱을 물어 뜯는다든가, 엄지손가락을 빠는 것 등으로 나타난다.

그는 자기 또래의 아이들과 잘 어울리지 못할지라도 그들과 노는 것을 아주 좋아한다. 그의 대인 관계는 격렬하고 거칠며 요구가 많고 떠밀고 때리고 한다. 네 살박이에게는 빼기고 호전적인 태도가 상당히 많고 그의 감정 상태는 한 순간 부끄러워하다가 다음 순간 떠들썩해지는 등 극단적으로 변한다.

또한 그는 부모가 승인해 주지 않는 말들이 있을 경우, 자기가 그 말을 사용함으로 부모의 주의가 집중된다는 것도 알게 된다.

그는 명령이나 요구를 무시하기를 아주 좋아하기 때문에 이 때는 권위를 시험하는 시기인 것같이 보인다. 그것 때문에 네 살박이에게는 단호함이 필요하다. 그들의 싸움은 격리시키는 것으로 가장 잘 다룰 수 있다. 부모는 아무렇지도 않은 태도로,

"오늘 아침에 너는 크리스하고 잘 놀지 않았으니까 지금은 혼자 놀아야겠다. 네가 사이좋게 놀 수 있다고 생각되면 다시 함께 놀 수 있다"

라고 말해야 한다. 그것은 그가 발전하는 동기가 되어 다시 친구에게로 돌아갈 수 있게 한다.

한 아동 심리학자가 네 살박이는 말에 올라타고 사방 팔방으로 마구 달리는 사람과 같다고 말한 데에 나는 동의한다. 네 살박이는 항상 움직이고 있지만 어디로 가야 할지를 모른다. 그는 어리석은 듯하면서도 진지하고, 조용하면서도 시끄럽고, 명랑하면서도 잘 울고, 무관심하면서도 협조적이며, 동의하면서도 반대하고, 수줍어하면서도 위협적이다.

1. 신체적 성장과 지적 성장

네 살박이 장난꾸러기는 그의 생물학적인 성장이 요구하는 대로 자기의 정력을 소모시키려는 강한 욕망을 가지고 있다. 그는 올라가고 뒹굴고 뛰고 뛰어오르고 소리질러 그것을 이룰 필요가 있다. 그러므로 그는 자신의 정력을 건설적인 방향으로 소비해야 하며, 그렇지 않을 때에는 파괴적인 배출구를 찾을 것이다. 부모들은 평화롭고 조용한 것을 필요로 하기 때문에 그것을 받아들이기가 어려울 것이다. 당신이 만약 자녀에게 뛰고, 달리고, 올라가고, 기어다닐 충분한 기회를 준다면 그가 학교에 다니기 시작할 때 필요한 지적 재능을 도와주고 있는 것이다. 이에 대해서 좀더 철저하게 연구하려면 래들러(Radler)와 케파르트(Kephart)의 **장난을 통한 성공**(*Success Through Play*)이라는 제목의 책을 참조할 수 있다.

2. 성질 부리기

모든 아이들은 기질에 상관없이 성질을 부릴 수 있다. 그러나 다혈질은 화가 나면 소리를 있는 대로 지르고 방바닥에 뒹굴기가 쉽다. 담즙질도 훈련을 받지 않으면 그렇게 할 잠재력이 있다. 우울질은 자기가 부당하게 다루어진 것같이 느껴지면 상당히 성질을 부릴 수 있다. 가장 성질을 부리지 않는 기질은 점액질이다.

점액질은 수동적이고 평화를 사랑하기 때문이다. 그러나 너무나 화가 난 아이는 누구든지 소리 지르고 울고 방바닥에 뒹굴면서 성질을 부리게 될 것이다.

만약 성질을 부리는 동안에 당신이 그의 요구를 들어 준다면 당신은 그것을 강화시키는 것이다. 그가 그 다음에 자기 뜻대로 하고 싶을 때는 다시 성질을 부리라고 가르치는 것과 같다. 그와 같은 감정의 폭발은 그의 내부에 있는 힘이 몸부림침으로써 생기는 결과다. 그가 그와 같이 몸부림을 쳐서 바라는 대로 성공했을 때, 성질을 부림으로써 부모를 지배할 수 있다는 것을 배운다.

다른 많은 사람들이 말한 것과는 반대로, 나는 성질 부리는 것을 다루는 가장 효과적인 방법은 그의 화에 반응을 보이는 것이라고 철저히 믿고 있다(먼저 부모가 자기 자신이 성령 충만한가를 확인한 후, 화를 내거나 혹은 좌절감에 빠진 채 행동하지 않는다는 뜻이다). 아이가 잠잠해지고 자신을 통제할 때까지 단호하게 자기 방으로 보낸다.

성질 부리는 것이 끝나면 부모는 아이와 좀더 좋은 방법으로 대화를 해서 그의 마땅치 않은 행동을 지적하고 종아리를 때린다. 성질을 부리는 동안에 때리는 것은 한층 더 몸부림치게 만드는 결과를 가져 온다. 당신 자신이 그 몸부림치는 것에 말려들지 않도록 해야 한다. 당신에게는 목소리를 높이고, 당신의 자녀에게 그런 행동을 한다고 고함을 지르려는 유혹이 있을 것이다. 당신이 그와 같은 반응을 보인다면 당신은 진 것이다. 당신은 투쟁에서 진 것이며 그 상황을 통제하지 못한 것이다.

3. 성교육의 시작

아이들이 질문을 하기 시작하는 나이는 크게 다르다. 어떤 주의깊은 아이들은 화장실에서 여자는 앉고 남자는 선다는 것을, 혹은 남자 아이는 여자 아이가 갖고 있지 않은 것을 하나 더 갖고 있다는 것을 아주 일찍부터 알아차린다. 그러나 그 나이에는 그러한 차이를 잊어버리는 아이들도 있다. 한 어린 남자 아이가 목욕을 하려고 옷을 다 벗겨 놓은 갓난아기를 들여다보고 있었다. 함께 보고 있던 그의 어머니가 아들에게 아기가 남자 아이인가 여자 아이인가를 물어 보았다. 그는 재빨리 이렇게 대답했다.
"옷을 다 벗어서 모르겠어."

이 문제에 대해서 기억해야 할 것은 질문에 대해 조용하고 실제적인 태도로 대해야 한다는 것이다. 그것은 당신 자녀의 성장에 가장 크게 기여하는 것이다. 질문을 하는 대로 하나하나 대답해 주고 정직하게 대답해 주어라. 네 살짜리 딸아이가 자기 남동생의 고추를 보았을 때, 그것을 무릎이나 발가락과 같다고 말하지 말고 고추라고 사실 그대로 말해 주어라.
  어떤 어린 계집아이들은 자기가 고추를 가지고 있지 않음으로써 무언가 부족하다고 생각할 수도 있다. 때때로 어린 사내아이는 자기도 누나처럼 고추가 잘라져 버릴지도 모른다고 두려워한다. 그러한 두려움에 대한 어머니의 건전한 태도는 그런 두려움을 빨리 제거시키는 데에 도움이 된다.
  한 의사가 사내아이나 계집아이가 모두 자기 몸을 있는 그대로 자신있게 받아들이는 것을 돕도록 제안한 것을 나는 고맙게 여긴다. 자녀에게 아빠와 사내아이들은 고추가 있으며, 엄마와 계집아이들에게는 뱃속에 자궁이라고 부르는 특별한 주머니가 있는데 그 주머니는 아기들이 자라도록 하나님께서 만드신 특별한 장소라고 단순하게 설명해 주도록 하자. 그것은 당분간 그들의 질문에 만족스러운 답변이 된다. 그러나 틀림없이 더 많은 질문이 나올 것이다.

4. 텔레비전의 영향

텔레비전 시청률을 평가하고 조사하는 회사인 닐센 시청률 조사회사(A. C. Neilsen Company)에서 나온 통계에 의하면 두 살에서 다섯 살까지의 어린이들이 일주일에 23시간 15분 동안 텔레비전을 본다고 한다. 그것은 여름에는 짧고 겨울에는 좀더 길다. 게다가 세 살에서 열 일곱 살 사이의 "전형적인" 시청자들은, 결국 학교에서 보내는 시간보다 텔레비전 앞에서 보내는 시간이 더 많다는 것이다.

일주일에 20시간 내지 25시간씩 텔레비전을 보는 어린이에게 미치는 텔레비전의 영향을 알아보기 위해 전국적으로 많은 실험이 행해졌다. 긍정적인 면으로 보면 텔레비전은 어린이의 어휘력을 넓혀 주고, 자기 주위의 세상에 대한 지식을 증가시켜 준다. 그러나 텔레비전이라는 전자 베이비 시터(baby-sitter, 아기 보아 주는 사람)는 어린 아이를 너무 오랫동안 텔레비전을 보게 하며 어떤 때는 분명히 좋지 않은 프로그램도 보게 한다.

현실 요법 교사 훈련센터의 로스앤젤레스 지부장이며, 교육가요, 정신분석가인 윌리엄 글래서 박사(Dr. William Glasser)는 텔레비전은 어린이의 두뇌 성장을 제한하며, 어린이의 창조력과 호기심을 제지한다고 주장한다. 그는 10살까지의 어린이들에게는 텔레비전 보는 시간을 하루 1시간으로 제한할 것을 주장했다.

한 젊은 어머니는, 왜 자기가 텔레비전을 온종일 켜 놓고 있는 습관에 빠지게 되었는가를 이야기했다. 그녀는 실제로 텔레비전을 보는 것이 아니라 그냥 동반자로 켜놓는 것이다. 그녀의 16개월 된 아기는 상당히 건강한데 잠을 잘 못자고 다른 아기들보다 까다로웠다. 어느 날 그녀는 텔레비전을 끄기로 작정하고 다른 날과 달리 장시간 켜놓지 않았다. 그녀는 텔레비전과 어린 아이의 불안함 사이에 어떤 관련이 있다고 생각해 본 적은 없었지만, 그렇게 함으로써 어린 아이의 행동은 급격히 변화되었다. 그는 잠을 좀더 잘 잤고 자기 혼자 노는 데 주의를 잘 집중하게 되었으며 훨씬 더 만족스러워했다. 한 심리학자가 이렇게 말했다.

"텔레비전은 비록 어린이가 보고 있지 않는다 해도 너무나 시끄럽고 너무 자극적이며 너무 진동이 심하다."

어린이들에게서 일어나는 행동의 변화를 눈여겨 보는 교육자들은 그 대부분이 텔레비전에서 기인한 것이라고 한다. 어떤 학교의 교사는 말하기를, 한 어린이가 학교에서 정상적인 속도로 걸음을 걷지 않았다고 한다. 그는 "6백만불의 사나이"를 흉내내느라고 모든 행동이 과장되어 있었고 천천히 움직이는 것이었다. 한 노련한 교사는 어린이들의 수줍음과 수동적인 행동과 위축감이 증가되고 있으며, 창조력과 상상력 혹은 활동적인 참여가 줄어들고 있다고 보고했다.

텔레비전이 어린이들로부터 좋은 책들을 읽는 즐거움을 빼앗아 가고 있다. 텔레비전은 어린이가 책에서 찾아볼 수 있는 모험적인 세계를 결코 대치해 줄 수 없다. 나의 그러한 의견은 텔레비전을 보는 것이 자녀의 지적 개발에 방해가 된다는 사실을 알려 주는 것이지, 텔레비전을 금기 사항으로 만들라는 뜻은 결코 아니다. 그러나 어린이가 무엇을 보는지 주의해 보고, 보는 시간을 제한해야 한다. 아무리 내용이 좋은 것이라고 해도 너무 오래 보는 것은 당신 자녀의 개성있는 창조력을 저지한다. 네 살은, 나중에 어린이가 깨뜨릴 수 없는 습관을 굳히기 전에 텔레비전 보는 시간을 제한해 줄 나이다.

담즙질의 어린이는 텔레비전에 그리 많은 관심을 보이지 않는다. 아무튼 그것은 생산적인 것이 못되기 때문이다. 담즙질의 어린이는 장난감을 가지고 노는 것을 거의 좋아하지 않는다. 어린 다혈질은 아마 텔레비전을 좀더 오래 볼 것이다. 그러나 그는 자기와 함께 텔레비전을 볼 사람을 찾는다. 그는 텔레비전이 있는 방에서 과자가 있는 방으로 들락날락할 것이다. 주로 텔레비전을 보는 것은 우울질적인 요소를 가진 어린이로서, 그는 자기가 보는 것에 빠져 자신을 잃어 버리고 텔레비전 프로그램을 아주 심각하게 받아들인다. 점액질은 방바닥에 쓰러져 잠이 들 때까지 끈질기게 앉아 텔레비전을 볼 것이다.

어린이의 기질은 아주 불안정한 것이니까 텔레비전에 대한 그러한 반응은 절대적인 것이 아니지만, 그것들은 당신이 텔레비전이 당신의 자녀에게 미칠 수 있는 영향과 위험성에 대해서 경각심을 갖는 데 도움이 될 것이다.

5. 영적 개발

이 나이의 어린이는 하나님께서 자기 주위의 모든 것을 — 그가 귀여워하는 고양이도, 맛있는 바나나도, 찬물도, 아름다운 꽃들도 — 창조하셨다는 사실을 배워야 한다. 자기 주위에 있는 것들을 인식하게 되면서 그는 모든 좋은 것들이 하나님께로부터 온다는 것을 깨달을 것이다.

어떤 어린이들은 다른 아이들보다 영적인 문제에 좀더 빠른 반응을 보여서 질문을 하기 시작하며, 그 질문으로 인해서 그들을 아주 일찍 구원으로 인도할 수 있다.

내 딸 아이 하나는 그 나이에 자기 강아지가 자동차에 치어 죽는 고통스러운 경험을 했다. 그 애는 자기 강아지가 강아지의 천국에 갔는가를 우리에게 묻기 시작했다. 우리는 하나님께서 분명히 어린 소녀들의 강아지를 위한 장소를 가지고 계실 것이라고 말해 줌으로써 그 애를 만족시켰다. 그러자 아이는 자기가 죽으면 천국에 갈 것인가를 물었다. 우리는 아주 단순하게 너도 갈 것이나 먼저 예수님을 마음속에 모셔야 한다고 설명했다. 그 애는 반응을 보였다.

"나는 지금 당장 예수님을 모셔 들이고 싶어요."

우리는 함께 기도했고, 나는 그 아이가 네 살이었던 그날 구원 받았다고 확실히 믿고 있다.

오늘도 그 아이는 그 날을 자기가 구원받은 때라고 말한다.

그러나 모든 어린이가 그렇게 어린 나이에 그리스도에 대한 결정을 내리지는 않는다. 당신이 그저 매일매일 한번에 한걸음씩 당신의 자녀가 그리스도와 생명적인 관계를 갖도록 인도해 가는 것이 중요하다.

6. 책

다시 한번 나는 책이 당신 자녀의 생활에 굉장히 귀중한 역할을 한다는 사실을 강조하고 싶다. 조사 연구에 나타난 것을 보면 어린 시절에 자녀에게 읽어준 책의 내용은 학교에서의 성공 여부와 크게 관련되어 있다는 것이다. 취학 전의 아동들에게는 꾸민 이야기와 실제 이야기를 모두 읽어 줄 필요가 있다. 꾸민 이야기는 그의 상상력과 창조적인 사고력을 길러 준다. 실제 이야기는 그가 세상과 하나님을 이해하는 데 도움이 되는 기본적인 개념을 주게 된다.

다음 몇 권의 책은 당신의 자녀에게 읽어 줄 만한 훌륭한 책들이다. 먼저 그 책이 그들에게 잘 맞는가를 확인해 보라. 이것은 단순히 견본이며 더 많은 책들이 있다. 가까운 도서관이나 기독교 서점에 가서 좀더 많은 책들을 찾아보기 바란다.

- 성경 동화 – 성광문화사
- 애니메이션 교양 문고
- 어린이 그림 성경 – 생명의 말씀사
- 어린이 탈무드 – 예찬사
- 탈무드의 전래 동화집 – 예찬사

- 유치원 그림 동화집 - 백합출판사
- 하나님을 만나는 어린이들 - 생명의 말씀사

7. 결 론

이것은 절대로 네 살박이에 대한 남김없는 토론이 아니다.

이것은 당신이 이미 올바로 행하고 있는 것을 격려하고 추가로 돕기 위해 쓴 것이다. 이 시기는 부모와 자녀에게 모두 행복한 시기가 되어야 한다. 그러므로 당신이 만약 건전하고 기본적인 성경의 원리를 가르친다면, 이 네 살의 시기는 부모와 자녀 사이의 견고한 관계를 확립하는 데에 있어 위대한 발걸음이 될 것이다.

이제까지 당신은 생활이 전혀 무기력한 갓난아기로부터 책임있는 어른이 되기 위한 좋은 터전의 어린이가 되는 분명한 진보를 보아왔다. 네 살박이 어린이의 부모는 다음과 같은 좌우명을 가지고 있어야 한다.

"그가 혼자 할 수 있는 일을 결코 대신해 주지 말라."

그리고 단계의 끝에서 당신은 그가 계속 갖게 될 지적 잠재력의 50퍼센트를 개발하도록 도와줄 것이라는 사실을 기억하라.

6

모래 상자와 깨진 무릎과 학교 생활
(유년부 시절)

 이 시점에서부터 어린이들은 좀더 개성적으로 진보되며 어린이의 생활 가운데서 일어나는 여러 가지 다른 사건에 있어서의 불분명한 한계성과 함께 여러 성격들이 중복될 것이다. 그럼에도 불구하고 나는 당신이 그들을 가장 만나기 쉬운 일반적인 영역으로 분류한 제목을 사용해 왔다. 그러므로 나는 부모들이 융통성을 발휘하여 내게 너무 엄격한 규칙을 제시해 줄 것을 요구하지 않으리라고 믿고 있다.

 1. 학교 생활

 그리스도인 부모들은 종종 그들의 자녀가 예수 그리스도를 그들의 생애에 모셔 들이는 것에만 관심을 갖고, 세속적인 교육이 그들 자녀에게 미칠 수 있는 해로운 영향력은 간과한다. 너무나 많은 어린이들이 부모의 무릎에서 사랑스럽게 그리스도께로 인도

되고 나서 국민학교 제도라는 파괴 속으로 던져져 버린다. 현명한 부모는 자기 주위의 학교들을 조사해 볼 것이다. 교장 선생님 및 교사들과 이야기해 보고, 교과서를 살펴보고, 더 나아가 각 학년의 학급들도 방문해 보라. 당신이 살고 있는 지역에서 학교를 선택할 여지가 없다면, 학교가 당신의 자녀에게 미칠 부정적인 영향에 대처할 길을 모색하는 방편으로 집에서의 당신의 역할을 좀더 강화하라.

당신은 모든 공립학교가 다 그렇지 않은 것처럼 모든 기독교 학교가 다 만족스러운 기준에 도달하지 않는다는 사실을 알고 있어야 한다. 그러나 오늘날 많은 기독교 학교들이 다른 사립국민학교와 어깨를 겨룰 만큼 진보되고 있다. 각 학교마다 조사해 볼 만한 가치는 있다. 그러나 나는 자녀를 공립학교에 보내서 거기서 받은 잘못된 영향력을 없애기 위해 애쓰기보다는 기독교 학교에 보내서 가정에서의 가르침을 더 풍부하게 할 기회를 포착하겠다.

나는 케네스와 엘리자베스 간젤(Kenneth and Elizabeth Gangel)의 부모와 자녀 사이(*Between Parent and Child*)에 나오는 설명을 상당히 고맙게 여긴다. 그들은 일주일에 깨어 있는 시간인 약 100시간 동안, 자녀의 생활에 미치는 영향력이 세 가지가 있다고 말한다. 그것은 다음과 같다.

학교는 일주일에 35~40시간을 차지한다.
교회와 담당 목사는 일주일에 5~6시간,
가정과 부모는 그 나머지 시간을 차지한다.

학교가 매주 깨어 있는 시간의 거의 반을 차지한다. 이 세 영향력의 가치관과 진리에 대한 관점이 같을 때, 그것은 자녀를 가르치는 데에 협력한다. 셋 중에 하나가 반대가 되거나 모순이 되는 영향을 미친다면, 나머지 둘이 그 부분을 보충하기 위해 보상해야 하며 올바른 가르침을 주어야 한다.

나는 왜 그처럼 어린 단계에서 이 문제를 제시하는 것일까? 왜냐하면 올바른 가르침을 시작해야 할 시기는 바로 가장 감수성이 예민하고 쉽게 영향을 받을 교육의 초기이기 때문이다.

이 때가 바로 많은 어머니들의 어린 귀염둥이가 잔인한 세상으로 뚫고 들어가는 때이며, 어머니와 자녀 사이의 방해 받지 않는 관계가 다시는 성립되지 않을 것이라는 사실을 깨닫고 감정적인 흔들림을 겪어야 하는 시기다. 어머니는 자기 자녀에게 큰 영향을 미치는 교사와 그 아이의 시간을 나누어야 할 뿐만 아니라, 아이들은 일주일에 20~30시간을 어머니의 보호에서 떠나 있는 것이다. 많은 어머니들이 자기 자녀가 새로운 세상을 정복하기 위해 집을 떠나는 첫 등교일에, 너무 흥분해서 눈물을 흘리는 것도 무리는 아니다. 그리고 어느 날 그 아이가,

"그렇지만 우리 선생님은 이렇게 하는 거래"라고 말함으로써 부모의 권위에 도전할 때 너무나 큰 충격을 받게 된다.

어떤 아이들은 어머니로부터 떨어지는 것이 너무나 불안해서 학교 다니기 시작하는 것을 두려워한다. 그들이 집을 나설 때는 열심이지만 학교에 닿을 때쯤 해서는 선생님과 다른 어린이들이 모두 낯선 사람들이기 때문에 두려워한다. 그것 때문에 그는 엄마가 학교문에서 그를 떼어 놓으려고 할 때 움츠러들며 엄마의 치맛자락에 매달리게 된다. 교문 앞에서는 매우 불쾌하고 감정적인 장면들이 많이 벌어진다.

대부분의 학교는 어린이가 부모와 함께 등교하도록 함으로써 그러한 염려를 최소한으로 줄이려고 노력한다. 그러나 어린이가 집에서 분리되는 것에 직면하도록 준비시키는 길은 그 첫날을 예비하는 부모의 지각있는 태도에 있다. 갓난아기일 때 교회의 탁아실에 남아 있었던 어린이는, 탁아실에 남아 있어 본 적이 없는 어린이보다 세 단계는 앞서 있는 것이다. 그는 엄마, 아빠와 잠깐

떨어져 있다가 그들이 다시 자기를 데리러 오던 절차에 익숙해져 있다. 많은 사람들이 모인 곳에 나가 본 일이 있거나, 때때로 아기 보는 사람에게 맡겨둔 일이 있는 어린 아이들은 입학하는 날 적응을 좀더 잘할 것이다.

부모는 첫날 얼마나 큰 소동이 벌어지든지 절대로 당황하거나 흥분하거나 화를 내서는 안된다. 어린이가 노는 데 집중할 때까지 기다렸다가 슬쩍 사라져 버린다는 것은 잘못이다. 근심한 그 어린이는 그것으로 부모를 믿을 수 없다는 결론을 내린다. 현명한 부모는 자녀에게 학교에 다니기 시작하면 모두 끝날 때까지 계속 있어야 한다는 사실을 가르쳐야 한다.

어떤 어머니들은 그들이 자녀를 남겨 두고 떠나는 것보다 자녀가 그들을 남겨 두고 떠나는 것이 더 쉽다고 제안한다. 그것이 가능하다면 당신은 고등학교 연령의 학생에게 부탁해서 처음 며칠간 그를 데리고 다니도록 주선해도 좋다. 그와 같은 방법으로 그는 당신을 집에 남겨 두고 떠나는 것이다. 당신이 그를 학교에 남겨 두고 떠나는 것이 아니다.

부모가 성공적으로 준비시키지 않는 한, 아마 점액질의 어린이는 집을 떠나서 새롭고 낯선 환경에 적응하기가 가장 어려울 것이다. 여하튼 그는 천성적으로 남보다 겁이 많기 때문에 학교가는 첫 날을 대비하기 위해 좀더 많은 시간이 필요하다.

다혈질은, 학교에 도착해서 다른 어린이들과 어울리는 것을 좋아할 것이다. 그가 어떤 두려움을 가졌다 해도 그것은 즉시 사라질 것이다. 사실상 그는 활동에 들어가기를 망설이는 다른 겁많은 어린이들을 위로하는 자일 것이다.

입학하는 날, 담즙질의 어린이를 알아내기란 어렵지 않다. 그는 거기서 어느 문으로 들어가야 하나를 지시하고 미끄럼틀이나 다른 놀이터에서 명령을 할 것이다. 담즙질의 어린이에게 두려움이란 없다. 그는 학교란 자기가 할 수 있는 것을 해야만 하는 곳이라고 알고 있다.

우울질은 천천히 단체 활동에 참여할 것이다. 그는 다소 의심을 품고 있다가 학교가 끝나서 어머니가 데리러 오면 질문을 할 것이다. 그는 주로 자기 혼자서 조용히 할 수 있는 일에 주의를 기울이게 된다. 그가 학교에 가고 싶어하도록 그의 정신 자세를 준비시켜 주어야 한다.

우리 아이 중 하나가 학교에 입학했을 때 어려운 시간을 가졌다. 우리는 몇 달 전부터 그가 학교에 다닐 일을 고대하도록 준비를 시켰고 처음 3주간은 아주 잘되어 나갔다. 그는 매일 즐겁게 학교에 갔고, 집에 오면 자기 선생님과 새로운 친구들에 대한 기쁨을 표시하곤 했다. 그러나 3주일 후 우리는 이사를 가야 했고, 그는 새로운 마을과 새로운 집으로 옮겼을 뿐만 아니라 새로운 학교로 옮겨 가야만 했다. 우리가 그에게 심어 놓은 모든 준비는 수포로 돌아갔다. 그것은 그에게도 우리에게도 가슴 아픈 일이었지만, 많은 사랑과 안정을 그에게 쏟아 주자 그는 점차로 그것을 극복했고, 오늘날 정상적인 어른으로 성장했다.

긍정적으로 생각하면, 어린이가 처음 입학할 때 경험하는 불안은 골치아픈 일이긴 하지만 그것이 곧 그가 불안정한 어린이라는 표시는 아니다.

2. 정신적인 성장

1학년 학생이 처음 글자를 익히기 시작하고 무언가 진정한 성취감을 갖는다는 것은 아주 흥미있는 일이다. 3학년이 되면 그는 좀더 많은 어휘력을 갖게 되고 다른 사람들에게 큰소리로 책을 읽어 줄 수 있게 된다.

이 시기의 학문적인 성취는 굉장한 것이다. 그의 아주 작은 지식은 수학, 읽기, 쓰기, 과학, 맞춤법 등에 대한 산 지식으로 옮겨진다. 그는 알고자 하는 호기심과 열정으로 가득 차 있다. 그가 배울 수 있는 능력의 80퍼센트는 8살 때까지 개발된다는 사실을 기억하라. 그에게 배울 수 있는 많은 기회를 열어 주라. 그는 지적 자극에 아주 민감하므로 그의 능력을 늘려 주기 위해 도전을 하고 자극을 주어야 한다. 그의 능력을 과소 평가하지 말라!

3. 신체적인 성장

이 때의 국민학교 어린이는 좀더 균형이 잡히고 근육도 발달된다. 그는 남이 하는 것을 보는 대신 자기가 하기를 원한다. 그가 아주 오랫동안 앉아 있으리라고는 기대하지 말라. 그가 관심을 갖는 기간은 여전히 아주 제한되어 있다. 그의 근육은 너무 오랫동안 같은 자세로 있으면 비비 꼬이고 몸부림이 쳐진다. 또한 그는 어리며 활동적이지만 쉽게 피곤해진다. 그러므로 그는 충분한 휴식을 취하기 위해 잠자리에 일찍 들어야 한다.

폭력적이고 무서운 텔레비전 프로그램을 봄으로써 밤에 악몽을 꾸거나 잠 못 이루는 밤이 되게 해서는 안 된다. 사실 그가 텔레비전을 적게 보면 볼수록 잠자리에서 좀더 완전하게 긴장을 풀 수 있게 된다.

그는 급속도로 성장하는 것 같다. 이 나이의 자녀를 둔 대부분의 어머니들은 그들의 빠른 성장 때문에 신발이나 옷이 잘 맞도록 계속 유지시킬 수가 없다고 말한다. 가장 많이 자라는 곳이 팔과 다리여서 키는 커지고 몸은 가늘어진다.

그들의 가장 흔한 등록 상표는 이가 빠져 잇몸을 드러내고 싱긋이 웃는 것과 고르지 못한 이다. 커다란 이가 조그마한 이 옆으로 나와 있다. 그것으로 이 몇년 동안 그가 많이 성장한 것이 아주 분명해진다.

4. 영적 성장

이 때의 어린이는 하나님에 대한 개념이 급격히 자라나며, 그리스도를 자기 구세주로 모실 준비가 되어 있는지도 모른다. 부모는 그가 하나님이나, 천국이나, 죽음이나, 죄에 대해서 묻는 질문에 민감해야 한다. 어린이가 이해하지 못하는 것에 대해 결정을 강요하지 않도록 주의하라. 이 나이의 모든 어린이가 그리스도를 영접할 준비가 되어 있는 것은 아니다. 그런 경우에 그가 하나님과 예수님에 대해서 좀더 이해하도록 계속 인도해 가라. 그러나 그가 준비되어 있고 자기가 무엇을 하고 있는가를 이해한다고 생각되면 반드시 그가 예수님을 그의 마음속에 모셔 들이도록 인도하라. 그는 자기가 죄를 용서받을 수 있는 것은 오직 하나님의 사랑 때문이라는 것을 이해해야 한다.

그는 주일학교를 사랑하며 주일날을 주간 중 가장 좋은 날로 고대한다. 그러나 아이는 점차 주일학교와 교회에 대한 부모의 태도-그것이 긍정적이든 부정적이든-에 의해 선택하게 된다. 그에게 성경 구절을 외우도록 자극을 주어야 하지만, 그 구절은 그가 이해하고 매일매일의 경험으로 옮길 수 있는 것이어야 한다.

5. 특수 훈련

이 단계에서 어린이가 특별히 훈련받아야 할 몇 가지 분야가 있다.

하나는 기본적인 사회 활동에 대한 훈련이다. 어린 아이들은 자동적으로 예의 바르게 되지는 않는다. 그것은 훈련을 통해서만 온다. 그들은 자기가 이야기하고 싶을 때 누구나 자기 말을 들어주기를 원한다. 그러나 훈련을 통해서 그들은 남의 말에 귀를 기울일 줄 아는 예의를 배운다. 이 단계에서 강조해야 할 세 가지 중요한 말이 있다.
"부탁합니다", "고맙습니다", "미안합니다."
가장 효과적인 훈련 방법은 가정에서 예의와 존경을 실습하고 부모와 자녀가 가정에서 예의 바르게 행하는 것을 습관으로 삼는다면 다른 상황에서도 그와 같이 행동하는 것이 두 사람 모두에게 훨씬 더 쉬워질 것이다.
그는 이기적으로 되기가 쉽다. 그래서 자기 소유물을 나누어 갖도록 계속 도와주어야만 한다. 그는 "어떻게 주고 받는가"를 배워야 한다. 그가 천성적으로 너그러운 성품이라 할지라도 이 시기에는 이기적인 단계를 지나게 된다. 그는 여전히 스스로를 자신의 우주의 중심이라고 생각하지만, 그는 자기가 언제나 첫째가 될 수 없으며 가장 많이 혹은 가장 좋은 것을 가질 수도 없다는 것을 배워야 한다.

성질 부리는 것은 이 나이에는 보통 그친다. 그러나 그가 만약 다혈질이나 우울질이라면 때때로 화를 낼 것이다. 체벌을 할 때에 분노를 폭발시키는 아이는 효과적인 훈련이 필요하다. 세미나를 마치고 가장 빈번히 나오는 질문 중에 하나는,
"매를 맞고 나서 화를 내고 우는 어린 아이는 어떻게 합니까?"라는 것이다. 혹은 남아프리카에서처럼 "매질한 뒤"에는 어떻게 하느냐는 것이다.
남아프리카에서 세미나를 마치자 8명의 부모들이 "매질"을 하면 화를 내는 자녀를 어떻게 다루는가에 대한 조언을 부탁했다. 이 나이의 어린이를 다루는 데에 대한 나의 대답은 불순종에 대해서 때리는 것으로 끝내라는 것이다. 그리고 나서 그가 아파서가 아니라 화가 나서 소리를 지르는 것이 분명할 때 그에게 조용히 가서 중간 크기의 음성으로 이야기하라. 화내지 말아라! 불순종한 데 대한 벌은 끝났으며 당신이 그를 용서해 주었다고 말하라.

모래 상자와 깨진 무릎과 학교 생활/115

당신은 그것을 잊어버리기를 원한다. 그러나 그의 폭발은 다른 문제로 다루어야만 한다. 당신이 만약 그것을 정직하게 말할 수 있다면, 그에게 엄마, 아빠는 그렇게 화를 폭발시키지 않으며 우리 가정은 평화와 조화의 장소가 되어야 한다고 말하라. 그러니까 두 번째 매는 화를 폭발한 데 대한 것이다. 그 두번째 매는 그가 화를 폭발한 것이 고통스럽다는 사실을 머리에 새길 수 있을 만큼 강력한 것이어야 한다. 그것은 어쩌면 여러 번 반복되어야 할지도 모르나 결국은 그렇게 화를 내는 것이 용납되지 않는다는 메시지를 얻게 될 것이다.

화가 지나가고 폭풍이 가라앉으면 성경에서 화를 내는 것에 대해 어떻게 말하고 있는가를 그에게 보여 주는 것이 좋다. 그가 이해할 수 있도록 간결하게 말한다. 그는 성경이 당신을 뒷받침해 주고 있다는 사실을 알아야 한다. 그러나 그가 화를 내고 있는 중간에 그렇게 한다는 것은 쓸데없는 짓이다. 잠언 19：18-19에서 이렇게 말한다.

"네가 네 아들에게 소망이 있은즉 그를 징계하고 죽일 마음은 두지 말지니라(소망이 있는 동안에 네 아들을 징계하고 그가 운다고 매를 아끼지 말라) 노하기를 맹렬히 하는 자는 벌을 받을 것이라 네가 그를 건져 주면 다시 건져 주게 되리라."

그의 행동의 대부분은 그가 자신을 어떻게 생각하느냐에 달렸다. 어떤 남자 아이가 자기는 "나쁘다"고 생각하면 그는 보통 그렇게 행동한다. 또 어떤 여자 아이가 자기는 "바보다"라고 생각하면 그는 아마 바보같이 보이는 행동을 할 것이다. 부모가 아이를 조롱하거나 비판하거나 괴롭히는 일을 삼가함으로써 아이의 자부심을 세워 주는 일은 중요하다. 그가 당신의 칭찬을 받을 만한 일을 했을 때, 반드시 칭찬해 주거나 당신이 그를 인정하고 용납해 준다는 것을 그에게 알림으로써 당신은 그의 자기 용납과 자신감을 세워 줄 수 있다.

당신의 아들이나 딸이 아직도 소변 가리는 것에 문제가 있다면 절대로 그것으로 그를 벌주거나 창피를 주어서는 안 된다. 그것은 대부분 그가 너무 깊이 잠들어서 화장실에 가야 한다는 충동을 인식하지 못했기 때문일 것이다. 그는 당황하고 창피해 할 것이며 당신의 비판이나 비난보다는 사랑을 필요로 할 것이다. 화를 내어서도 안 된다. 당신이 그를 충분히 이해하며 이 일을 극복하도록 그를 도와주고 싶다는 것을 알려 주어라.

6. 특별한 특성

지금은 어린 시절에 있어서 이성을 좋아할 나이다. 어린 남자 아이들이 어린 여자 아이들을 좋아해서 그들이 자라면 누구와 결혼하겠다는 것을 결정할 정도다. 이 나이에 남자 아이들은 자기 여자 친구에 대해 이야기하고 싶어하며, 심지어는 그에게 뽀뽀했다고 자랑하기까지 한다. 그러나 나이가 많아질수록 그는 놀림을 받고 싶지 않기 때문에 이야기는 달라질 것이다. 그는 여자 아이들은 "어리석다"고 하며, 심지어는 여자 아이들 곁에는 앉지도 않으려고 한다.

이때는 의미있는 질문을 하는 나이이다. 가장 좋은 성 교육은 그들이 물어 볼 때마다 대답해 주는 것이다. 공개적으로, 직접적으로, 정직하게 그리고 실제적으로 답변해 주어라. 만약 당신의 자녀와 그 문제에 대해서 이야기하기를 피한다면, 그는 당신이 그 문제를 인정하지 않으며 그것은 "더럽거나" "금지된" 것이라는 생각을 갖게 될 것이다. 당신은 그에게 인생의 사실들을 알리는 사람이 되어서 그 지식이 올바르고 도덕적인 교훈을 중심으로 세워진 것임을 확실히 해야 한다. 이 중요한 교육에 대해서 스칸조니(Letha Scanzoni)가 부모에게 도움이 될 성 교육은 부모의 일이다(*Sex is a Parent Affair*)라는 훌륭한 책을 썼다.

7. 책

아마 지금쯤 당신은 내가 당신의 자녀를 위해 책에 대해서 말하고자 하는 바를 받아들였을 것이다. 나는 당신이 이미 함께 책을 읽는 습관을 계획하고 있으리라고 믿는다. 그는 이 성숙의 단계에서 혼자 읽고 싶어할 것이다. 그것을 격려해 주어라. 그와 함께 도서관에 가라. 그가 읽기에 너무 어려운 책을 가지고 오지 않도록 주의하라. 우리 자녀들은 혼자 책 읽는 것을 아주 재미있어 하지만, 여전히 가족들이 모여 "함께 책 읽는" 시간을 가져야 한다. 이것으로 그들도 그들이 혼자 힘으로 읽지 못하는 책을 통해 모험을 할 수 있다.

당신은 당신의 자녀들이 책을 읽거나 듣는 데 대한 반응이 그들의 기질에 의해 영향을 받는다는 사실을 발견하기 시작할 것이다.

다혈질은 이야기가 어떻게 끝나는가를 빨리 알고 싶어서 첫장부터 마지막까지 이리저리 뒤적거려 볼 것이다. 그는 불안정해서 밖에 나가 친구들과 놀고 싶어한다. 당신의 격려는 그가 계속 귀를 기울이는 데에 도움이 된다. 그는 슬픈 이야기에 쉽게 울고 우스운 이야기에 쉽게 웃는다는 것을 당신은 알게 될 것이다. 담즙질 역시 책을 읽거나 책 읽는 것을 듣기보다는 나가서 공놀이하는 것을 더 좋아한다. 그러나 당신이 선택한 이야기의 내용이 만약 활동과 모험으로 가득 차 있다면 그의 흥미를 끌 수 있다. 일단 그가 읽을 줄만 알게 되면 아주 조금씩이라도, 읽어 주는 것을 듣기보다는 자기가 읽는 것을 더 좋아할 것이다. 이야기책 읽는 시간을 제일 좋아하는 것은 우울질이다. 아마 그는 당신이 책을 읽어 줄 때 제일 좋은 자리에 앉아서 매장마다 개인적으로 몰입될 것이다. 점액질은 좋은 책을 잡고 오래 앉아 있는다. 이야기가 그의 흥미를 끌지 못한다 해도 그는 계속 조용히 앉아 있다가 스르르 잠이 들어버릴 것이다.

책의 범위는 상당히 넓지만 가족들이 읽기에 좋은 책을 몇 권 열거해 보겠다. 도서관 등에 가서 도서 목록을 보면 도움이 될 것이다.
- 그림 성경 이야기 – 생명의 말씀사
- 세계 명작 우화집 – 백합출판사
- 안데르센 동화 전집 – 예찬사
- 어린이 창작 동화집 – 서울 서적
- 하늘나라 어린이들 – 생명의 말씀사

부모들이 자녀의 읽는 능력에 대해서 주의를 기울이는 것은 대단히 중요하다. 그들의 재능이 진보되는 것을 주의깊게 살펴보라. 3학년까지는 감정을 넣어서 이해해 가며 능숙하게 읽을 수 있어야 한다. 때때로 그에게 책을 읽어 달라고 부탁하고 그가 잘 읽는 것에 진정한 관심을 보이라. 1, 2학년 때에는 보충적인 도움이 필요할 것이다. 만일 읽는 것을 잘 배우지 못한다면, 그것은 나중에 하나님을 위해 할 수 있는 일을 제한할 것이다. 당신이 읽은 것이 당신의 인격이 된다는 사실을 기억하라!

7

구구법에서 몸치장까지
(초등부 시절)

그 다음 수년간은 자기 또래의 친구들과 몰려다니며 싸움도 하고 우정에 충성을 다하기도 하며, 이성을 미워했다가 이성을 위해 몸치장도 하고, 학교를 싫어했다가 좋아하기도 하는 흥미있는 갈등이 특징으로 나타난다. 이 시기는 정력과 열정과 토론과 배움으로 가득 차 있다.

이 나이의 자녀를 가진 부모가 여유를 가지고 때때로 그들과 함께 웃고 그들을 보고 웃기도 하는 것을 배운다면 누구나 4, 5, 6학년 어린이가 있는 것을 즐길 수 있다. 그가 복잡한 사람이 되지 않도록 주의하라. 당신이 먼저 그의 기질이 어떤 유형인지를 안다면, 그의 방이 왜 항상 뒤죽박죽인지, 그가 왜 교장 선생님 방에서 그렇게 많은 시간을 보내는지, 왜 제일 친한 친구와 싸우는지, 축구를 하는 데 왜 제일 좋은 운동복을 입으려고 하는지를 이해하는 데에 도움이 될 것이다. 그러한 극단과 악화의 와중에서 당신이 어떻게 그들을 즐겁게 인도하는가는, 당신이 사춘기 때의 그들을 어떻게 인도할지를 크게 좌우한다. 그들을 격려해 주고 그들을 세워 주어라. 당신은 지난 몇 년간 쌓은 기초 위에 집을 세우고 있는 것이다.

1. 배움—부담 혹은 이익

학교는 반드시 가야 하지만 어떤 국민학생에게는 그것이 큰 부담이 될 수 있다. 기질에 따라 학교에 대한 반응은 크게 달라진다. 해질녘에 학교 종이 울리면 어떤 학생은 건물에 불이라도 붙은 것처럼 학교에서 뛰어나오는가 하면, 어떤 학생은 학교가 파한 뒤에도 오랫동안 어슬렁거린다.

다혈질과 담즙질은 서로 앞을 다투어 교실 밖으로 나간다.
사실 그들은 종이 다 그치기도 전에 밖에 나와 있을 것이다. 그것은 그들이 집에 가거나 어머니에게 가는 것을 갈망해서가 아니라, 그들 모두 운동 시합을 너무나 좋아해서 운동장에 나오는 것을 수업이 끝난 뒤까지 기다릴 수 없을 정도이기 때문이다.
다혈질은 다른 친구들이 주위에 있기만 하면 어떤 활동이건 다 즐긴다. 친구들이 떠나기 시작하면 자기도 떠난다. 그러나 담즙질은 특히 조직적인 활동이 있을 경우에는 제일 마지막까지 떠나지 않는다. 그는 이기고자 하는 강한 충동이 있으며 이기기 위해 혹은 다시 이길 기회를 얻기 위해 좀더 오래 운동하기를 원한다. 그 두 기질은 모두 다음날 숙제에 대해서는 관심도 없다.
우울질은 여러 가지 이유로 종이 울린 뒤에도 꾸물거린다.
한 가지 이유는 그가 선생님에게 홀딱 반해서 좀더 오래 남아서 선생님을 돕고 그 곁에 있고 싶기 때문이다. 그는 열심히 칠판도 지우고 지우개도 털고 다른 여러 가지 일들을 한다. 또한 그는 숙제를 잊어버릴까 봐 염려하여 그 모든 것을 선생님과 다시 검토해야 한다고 생각하기 때문이다. 그리고 그는 올바른 책 한 권을 가지고 가기 위해 집에 있는 자기 책 전부를 가져 갈 것이다.

가장 늦게 떠나는 것이 보통 점액질이다. 종이 울리고 나면 그는 자기 책상을 깨끗하게 청소하기 시작할 것이다. 그는 책상을 똑바로 놓고 그것을 여러 번 다시 정리한다. 그리고 나서 드디어 학교를 떠나면 집에 오는 길에 줄곧 장난을 친다. 그는 길에서 자갈을 주워 모으고 고양이나 개를 보면 쓰다듬어 줄 것이다. 그는 집에 와서야 자기가 숙제할 것을 학교에 두고 왔다는 것을 기억한다.

학교에서 하교하는 태도에 상관없이 이 나이의 어린이는 누구나 공부하고 생각하도록 자극을 주어야 한다. 그는 정말로 어떤 생각을 하도록 도전을 받아야 한다. 그가 질문을 하면 부모가 그에게 바로 대답해 주는 것보다는 그의 생각을 인도해서 스스로 해답을 발견하도록 해주는 것이 더 유익하다.

꾸물대고 질질 끌기 잘하는 다혈질과 점액질은 특히 공부하는 좋은 습관을 갖도록 도와주어야 한다. 그에게 공부할 수 있는 분위기와 도구를 마련해 주어라. 건넛방에서 텔레비전 소리가 들리고 가족들이 떠드는 소리가 나면 어떤 사람도 공부하기가 어려울 것이다. 절대로 부모가 숙제를 해주어서는 안 되며, 다만 숙제에 순수한 관심을 보이고 함께 토론할 수는 있어야 한다. 아이는 자기가 공부하고 있을 때 부모가 관심을 가져 주면 깊이 감동하고 도전을 받는다.

대부분 이 나이의 소년, 소녀들은 독서를 좋아한다. 현명한 부모는 그것을 격려해 줄 것이다. 처음에는 읽는 것이 느리지만 이 시기에 읽는 기술이 늘어서 빨리 이해하면서 읽을 수 있어야 한다. 그가 좀더 잘 읽을 수 있도록 부모가 격려해 주면 그의 나머지 생애에 도움이 될 것이다.

우리 아이들이 이와 같은 귀중한 시기를 맞았을 때 우리는 다행히 공공 도서관 근처에 살고 있었다. 그 도서관에서는 여름 방학 동안에 동네 아이들을 위한 독서 계획을 세웠다. 그것은 경쟁을 자극하는 것이었다. 4, 5, 6학년 소년들은 운동이든 독서든 경쟁을 아주 좋아한다. 도서관 문에는 커다란 도표가 붙여졌고 그 위에는 그 독서 계획에 가입한 모든 아이들의 이름이 적혀 있었다. 아이들이 다 읽은 책은 아이들 모두가 볼 수 있게 그 위에 적혀졌다. 거기 나오는 경쟁자들은 적어도 일주일에 두 권 이상 읽어야만 계속 선수권이 주어진다는 규정이 있었다. 그리고 그들은 어린이가 책을 읽고 이해했는가를 알아볼 수 있는 훌륭한 방법을 고안해 냈다.

그 여름에 우리 아이들은 너무나 많은 책을 읽어서, 결국 나는 매일 책 읽는 시간을 제한해서 그들이 균형을 올바로 맞추도록 해야만 했다. 그로 말미암아 그들의 독서 실력은 급격히 향상되었고 단어 실력도 크게 늘었다.

이 나이의 어린이가 현실을 도피하기 위해서 책을 읽지 않도록 하는 것이 중요하다. 그가 만일 동무들 사이에서 열등감을 느낀다면 그는 책으로부터 안정을 얻으려고 할 것이다. 그러므로 그의 올바른 개발을 위해 균형을 잘 맞추는 것이 현명한 일이다.

독서는 새로운 영역에 관심을 갖도록 해준다. 독서는 소년, 소녀들이 과학과, 위인들과, 역사와, 지리, 성경 이야기 등에 좀더 관심을 갖게 하며 거기에 대한 지식을 얻게 해준다. 책은 어린 독자들의 시야를 넓히는 데 도움이 된다. 나는 가정에서 텔레비전을 제한하고 책을 읽도록 하는 것이 어린이들에게 좀더 흥미있는 일이 되리라고 믿고 있다. 책과 텔레비전은 물과 기름처럼 섞이지 않는다. 좋은 책은 상상력과 창조력을 자극시킨다.

4, 5, 6학년 학생들이 친숙해야 할 좋은 책들이 많다. 사실 책들이 너무나 많아서 그것을 다 열거한다는 것은 불가능한 일이다. 이 시기의 어린이를 위한 믿을 만한 좋은 책들 중의 하나는 루

이스(C. S. Lewis)의 "나니아 왕국 시리즈"일 것이다. 그 1권의 제목은 사자, 마녀, 옷장 이야기(*The Lion, The Witch, and The Wardrobe*—본사역간), 2권은 카스피안 왕자(*Prince Caspian*—본사역간), 3권은 마술사의 조카(*The Magician's Nephew*—본사역간), 4권은 말과 소년의 모험(*The Horse and His Boy*—본사역간)이다.

2. 원기 왕성하게 놀지만 일은 안한다

불행하게도 이 시기의 어린이들은 놀고만 싶어함으로 그들의 혈기 왕성한 힘을 낭비하고 있다. 어른들은 그들이 그렇게 원기 왕성한 힘을 모아 두었다가 좀더 나이가 든 뒤에 생산적인 일을 하는 데에 쓸 수 있다면 얼마나 좋을까 하고 종종 생각한다. 초등부(국민학교 4, 5, 6학년) 어린이는 놀 때는 굉장히 열심히 놀지만, 당신이 일을 하라고 시킨다면 질색을 할 것이다.

나는 서너 명의 소년이 스케이트장을 만들기 위해 아주 열심히 눈덩이를 치우면서 "노는 것"을 보았다. 만약 그들의 아버지가 골목길의 눈을 좀 치우라고 시켰다면 그들은 그것을 "일"이라고 부르면서 굉장히 싫어했을 것이다. 그들은 원기가 왕성하다. 그 원기를 파괴적이 아니라 건설적으로 사용하도록 지도해 주고 방향성을 잡아 주어야 한다. 그들에게 저녁 설거지라도 시키면 그들의 정열은 놀랄 만큼 빨리 사라져 버린다.

"우리 설거지를 빨리 마치고 스무고개 놀이(아니면 그 외 당신의 가족이 즐길 수 있는 게임 등) 하자"는 제안을 해서 미묘한 동기를 불어 넣어 주면 그들은 자극을 받아 일을 다 마치고 좀더 즐거운 놀이를 하려고 할 것이다. 그들이 반드시 해야 하는 즐겁지 않은 일을 능가하는 목표를 제시해 주어라.

3. 죄는 죄다

이 어린이는 이제 죄를 죄로 인식하고 죄가 자아내는 죄의식을 느낄 만한 나이가 되었다. 어떤 어린이는 4학년이 되기 전에 이미 그리스도를 영접한다. 통계에 의하면 이 나이에 다른 어느 연령보다도 더 많은 사람들이 그리스도를 영접한다고 한다. 그들의 마음은 준비되어 있으며 그들은 유혹을 이기기 위해 도움이 필요하다는 것을 느낀다. 부모가 더 어렸을 때부터 알맞은 기초작업을 해 놓았다면 그가 이 시기에 그리스도를 영접하는 것은 아주 정상적인 일일 것이다. 그러나 다시 한번 말해 두는데 국민학교 시절에 교회와 예수 그리스도에 대한 부모의 태도는 나중에 그가 사춘기에 들어설 때 그에게 반영될 것이다. 부모가 "주일마다 두통"이 생기거나 유명한 팀의 축구시합이 텔레비전에서 중계된다는 이유로 교회에 나가지 않을 때, 초등부 소년, 소녀들은 그러한 정신을 포착하기 시작할 것이다.

이 시기는 영적 생활에 있어서 아주 중요한 단계이기 때문에 주일 학교에서 가장 좋은 것을 가르쳐 주는 것은 정말 중요한 일이다. 주일 학교에서는 가장 능력있고 성령이 충만한 지도자가 초등부를 맡아야 한다. 헨리에타 미어스 박사(Dr. Henrietta Mears)는 초등부에서 그리스도를 영접하지 못한 채 졸업을 시켜서는 안 된다고 말한다. 초등부를 맡은 모든 교사는 이 목표에 전력을 기울여야 한다. 슬프도다, 매주 초등부 학생들의 삶에 영향을 주어야 할 그 중요한 시간을 위해 기도하고 준비하는 일을 소홀히 하고 있는 부주의한 교사들이여!

예수 그리스도와 그리스도인의 생활에 관한 자녀 교육은 가장 잘 이루어져야 하며 어린 나이에 시작되어야 한다. 그러면 그것은 영적인 개념을 정상적으로 받아들이게 하여서 그로 하여금 자기 자신의 생활에 그것을 적용시키게 할 것이다. 주일 학교에서의 훈련을 포함하여 당신의 기도와 충실한 가르침은 그가 예수 그리스도를 구세주로 받아들이도록 인도할 것이다.

4. 가정 예배

가정 예배는 자녀들을 훈련시키는 데에 있어서 아주 귀중한 부분이지만, 많은 가정에서 그것은 모든 가족이 지루하고 딱딱하게 보내야 하는 저녁 식사 후의 공식적인 시간이 되고 있다.
"자, 가정 예배를 시작하겠습니다"
라는 발표에는 영적인 것은 아무 것도 없다. 성경에서는 가정 예배를 어떻게 해야 한다고 말해 주지 않는다. 그런데 왜 상상력을 동원하여 가정 예배를 다양하고 흥미있게 만들지 않는가?

가정 예배 시간은 모든 사람들이 참석하는 아주 자연스럽고 비공식적인 시간이 되도록 하는 것이 좋겠다. 가정 예배는 꼭 저녁 식사 후에 가져야 할까? 식사 시간 중에 아빠의 인도로 모두가 참석하는 토론을 하고 나서 아빠가 하나님의 말씀으로 결론을 내리도록 해도 좋다. 그것은 어떤 연령에게도 맞는 실제적이고 재미있는 것이 될 수 있다. 그것은 줄곧 듣고만 있는 것이 아니고 자기도 역시 개입하는 것이기 때문에 특히 초등부 어린이도 즐길 수 있다. 그것은 당신의 자녀들에게 실제적인 그리스도인의 생활을 가르치는 놀라운 시간이 될 수 있다.

5. 특별한 특성

초등부 어린이는 노골적으로 애정을 표시하는 것을 오히려 어색하게 여긴다. 사랑을 받기 원하며 사랑을 받아야 하지만 특히 남자 아이들에게는 지나치게 나타내지 않도록 하라. 안아 주고 뽀뽀를 하면 초등부 학생은 이상한 반응을 보인다. 우리 아들은 손님이 오면 사라져 버리곤 했다. 이 시기에 이른 그는 상대방의 외적인 사랑의 표시에 어떻게 해야 할지를 몰랐던 것이다. 그를 억지로 데려다가 꿇어앉게 해서 창피를 주지 말고 무관심하게 취급하라.

만약 그가 잠시 사라지기를 원한다면 따라 들어가서 그를 데리고 나오지 말라. 얼마 안 있으면 그는 슬그머니 방에서 나와 가족들의 활동에 끼어들 것이다. 그에게 그의 감정과 상반되는 반응을 보이도록 강요하는 것은 문제를 필요 이상으로 확대시킬 뿐이다. 부모는 초등부가 된 아들에게 여전히 사랑과 애정을 보여야 하지만 신중하게 해야 한다. 당신이 그를 학교에 데려다 주는 날 아침, 학교 앞에서 그에게 뽀뽀를 해주려고 해서는 안 된다. 잘 자라는 밤 인사로 해주는 뽀뽀는 그의 침실에서 살짝 계속 해주도록 한다. 나의 남편은 매일 밤 충실하게 아들의 방에 가서 이불을 목까지 잘 덮어 주고는 이마나 뺨에 뽀뽀를 해주면서 아빠는 너를 사랑한다고 말해 주었다. 그러나 밖에서는 서로 이해하는 것같이 단지 어깨를 치거나 등을 두드리는 것만으로 작별인사를 나누었다.

소녀들은 소년들처럼 이 문제를 가지고 갈등을 하는 것 같지는 않다. 우리 딸들은 사람들 앞에서의 사랑과 애정 표시에 좀더 잘 대처하는 것 같았다. 여기서 기질은 다시 한번 당신이 그 전까지 쌓아 놓은 기초에 따라서 당신의 딸이 애정에 어떤 반응을 보이는가에 중요한 역할을 한다. 소녀는 누구나 자유롭게 아빠의 무릎에 앉거나 아빠 목을 끌어안을 수 있어야 한다. 그것은 민감하고 사랑이 넘치는 아내가 되기 위한 가장 좋은 훈련이다. 만약 초등부 소녀가 자기 아버지와 따뜻하고 개방적인 관계를 갖지 않는다면, 그 애는 남편과 사랑의 관계를 맺기가 어려울 것이다.

초등부 소년들은 소녀들을 "어리석고" "바보같다"고 생각하며, 소녀들은 소년들을 "잘난체 하고" "골칫거리"라고 생각한다.

수년 동안 나는 우리 교회에서 초등부를 맡고 있었다. 내가 주의해서 본 확실하고 독특한 특성으로는 초등부 소년들은 소녀들과 한자리에 나란히 앉기를 싫어하며, 소녀들은 소년들과 같이 앉기를 싫어한다는 것이다. 사실 가장 큰 시합과 경연대회와 성경훈련에서의 친밀한 대항은 한 팀은 소년들로, 반대 팀은 소녀들로 짤 때 생긴다.
 특히 소년들은 이성을 싫어하는 것 때문에 "자기 패거리"에 대한 사랑의 정신을 크게 증진시킨다. 그들은 어떤 일을 혼자 하는 것보다는 무리지어 하기를 좋아한다. 같은 패거리에 있는 소년들 사이에는 소녀들 사이에서보다 더 큰 진정한 충성심이 있다.
 이 나이의 소녀들은 그렇게 잘 모여 노는 것 같지 않다. 그들은 때때로 가장 친한 친구와도 싸움을 한다. 사태가 험악해지지 않는 한, 부모는 그런 소녀다운 충돌을 지켜 보기는 하되 개입하지 않는 것이 현명하다. 담즙질과 우울질의 소녀들이 친한 친구와도 의견이 잘 맞지 않기가 쉽다.

 공정한 것을 요구하는 것도 초등부 어린이의 천성적인 특성이다. 어떤 것이 반대로 되는 것 같아 보이면 그는 재빨리 "그건 공정하지 않아"라는 반응을 보인다. 그는 불공평하다는 것을 인식한다. 그러니까 당신이 그를 불공평하게 다루었을 때 그것을 인정할 준비를 갖추어야 한다. 그에게 용서를 구하라. 수년 전 나의 남편은 어떤 일로 해서 아들 아이 하나를 벌주었는데 나중에 엉뚱한 아이에게 벌을 주었다는 것이 밝혀졌다. 부모가 그러한 사실을 알면 기꺼이 아이에게 가서 잘못을 자백하고 그의 용서를 구해야 한다.
 "글쎄, 그 애가 잘못을 했는데도 벌을 받지 않은 경우가 있었으니까 마찬가지지 뭐"
라는 식으로 말해서는 안 된다.
 나의 남편은 그 아이에게 자기의 잘못을 인정하고 그에게 용서를 구했다. 아들은 자기 아빠를 똑바로 쳐다보면서 이렇게 말했다.
"물론 용서해 드리지요. 아빠, 나는 아빠가 완전하지 않다는 것을 깨달았어요!"

어차피 그들은 우리가 결점이 없는 부모가 아니라는 것을 알고 있는데 무엇 때문에 그들에게 허세를 부리려고 하겠는가. 수년 후 한 가정 생활 세미나에서 그 이야기를 했는데, 그때는 이미 자라서 두 아들의 아버지가 된 그가 그 모임에 참석하고 있었다. 나중에 그는 우리에게 말했다.

"아버님, 이상하군요. 아버님이 절 때리신 일이 생각나지 않는데요."

남편은 나를 보면서 말했다.

"여보, 만약 내가 그때 용서를 구하지 않았었다면 그는 틀림없이 기억했을테지."

우리의 자녀들을 공정하고, 정당하고, 솔직하게 다룬다는 것은 얼마나 가치있는 일인가.

자기 외모에 관심을 갖는 초등부 아이들은 몇 명 안 된다.

그들의 머리는 흐트러지고, 구두끈은 풀어지고, 셔츠나 블라우스는 벌어져 있고, 옷에는 더러운 손을 문지른 자국이 나 있다. 셔츠가 더럽고 구겨졌어도 그것이 자기가 좋아하는 것이면 또 그것을 입고 싶어한다. 아마 점액질은 근본적으로 깨끗하고 단정하기 때문에 여기서 예외일 수도 있을 것이다. 그러나 이 나이에는 그들도 다를 수가 있다. 이 때의 아이들에게는 모두가 자기 소유물을 잘 지키고 깨끗한 외모를 갖추도록 장려할 필요가 있다. 만약 그냥 놓아 둔다면 초등부 아이의 방은 엉망이 된다.

어떤 부모가 자기 딸에 관한 이야기를 우리에게 해주었다. 그 애의 방은 계속해서 무질서하게 흐트러져 있었고, 옷들은 벗어 둔 그대로 놓여 있었다. 어느 날 저녁 아무도 없을 때 경보기가 울려서 경관이 왔다. 잠시 후 대학 다니는 아들이 집에 돌아왔을 때 경관이 집 밖을 둘러보고 있는 것을 발견했다. 그들은 경보기가 울려서 왔다고 설명했고 그중 한 경관이 말했다.

"도둑이 들어간 것 같은 방을 발견했습니다. 샅샅이 뒤져본 것 같더군요."

경관은 그 딸 아이의 방으로 데려갔고 그들은 방안을 들여다보았다. 분명히 그 방은 샅샅이 뒤져 놓은 것 같았지만 아들은 말했다.

"아닙니다. 그 애 방은 언제나 이렇답니다!"

그것은 경보기가 잘못 울린 것이었고, 경관들은 껄껄 웃으며 돌아갔다.

그것은 그들의 자녀가 개선되도록 동기를 부여하고 격려해 주어야 할 부분이다. 잔소리한다고 되는 것이 아니다! 그가 그 일을 어떻게 해야 하는지 알도록 돕기 위해서는 부모와 자녀 사이의 공동 작업이 필요하다. 대부분 그 일을 혼자 하고 싶어하지만 만약 당신이 도와주려고 한다는 것을 알면, 그것은 그에게 지저분한 것을 깨끗하게 하는 동기를 부여할 것이다.

이 단계의 마지막에서 외모가 변하는 흔적이 보이기 시작한다. 소년들은 거울 앞에서 좀더 오랫동안 어슬렁거린다. 소녀들은 머리를 단정히 빗고 옷을 올바로 입으려고 좀더 오래 돌아본다. 그리고 어느 날 갑자기 당신은 화장실의 거울이 언제나 사용중이라는 사실을 알게 될 것이다. 아들이 머리를 빗고 있든지, 아니면 딸이 드라이어로 머리를 말리고 곱슬거리게 지지고 있을 것이다. 무엇이 변화를 가져 온 것일까? 안됐지만 어머니들이여, 당신이 훈련을 잘 시켜서 그런 것이 아니라 그들은 다만 이성을 새로운 눈으로 보게 되었기 때문인 것이다.

6. 돈은 어떻게 다루나

자녀 교육의 한 요소는 그에게 돈을 어떻게 다루는가를 가르치는 것이다. 이것을 배울 때 어떻게 판단을 내리며, 자기 판단의 결과를 어떻게 받아들이고, 자기가 일으킨 문제를 가지고 어떻게 사는가를 배우는 것이다.

1. 그에게 규칙적으로 용돈을 주어라

정확한 금액(너무 적거나 너무 많지 않도록)을 정해서 일주일에 한번씩 지불한다. 용돈으로 써야 할 비용은 그와 함께 의논하라. 그가 만약 그 돈을 하루에 모두 써 버린다면 나머지 6일은 돈없이 지내야 하며, 용돈은 7일에 나누어서 쓰는 것이 현명하다는 것을 빨리 배울 것이다. 혹은 그가 만약 좀더 비싼 것을 사고 싶다면 계획을 세워서 다른 것을 사지 않고 아껴야 한다는 것을 배울 것이다.

2. 돈으로 벌을 주지 말라

돈이 힘이나 사랑과 혼동되어서는 안 된다. 칭찬과 꾸중은 재정 문제와 분리되어야 한다.

3. 실수하도록 놓아 두라

돈을 쓴다는 것은 결정한다는 뜻이므로 때때로 우리는 실수하게 마련이다. 그가 계획적으로 책임을 회피하게 해서는 안 되지만, 동정해 주고 인도해 주어라. 그러나 만약 그가 정말 곤란해지면 그에게 돈을 빌려 주어서 다음 용돈에서 갚을 수 있도록 하라. 그러나 반드시 사무적인 태도로 하도록 하라.

4. 실제적인 저축을 가르치라

그에게 그냥 저축을 하라고 장려하는 것보다 새 자전거를 산다는 등의 구체적인 목표를 세워 놓고 저축을 하도록 제안하는 것이 더 낫다. 초등부 학생이 대학 학자금을 위해 저축한다는 것은 그리 흥미있는 일이 못될 것이다. 그것은 그에게 너무 먼 이야기다.

5. 그에게 십일조를 드리도록 격려하라

십일조가 아무리 적다 하더라도 그것은 당신의 자녀에게 아주 귀중한 가르침이다. 그 나이에 보잘것없는 용돈의 10퍼센트를 주님께 드리는 것을 배우면, 그가 성장했을 때 십일조를 드리기가 더 쉬울 것이다.

각 기질마다 다른 방식으로 돈에 대한 반응을 보일 것이며, 일찍부터 용돈을 주는 것이 그가 실수함으로써 돈의 사용방법을 배우는 것을 도와줄 것이다. 다혈질은 충동적인 소비자며, 담즙질은 돈에 대해서 가장 실제적이다. 우울질은 우유부단하므로 돈을 쓰고 나면 산 것을 후회한다. 점액질은 인색해서 스스로 저축을 한다. 부모는 각자가 자기 돈을 어떻게 다루는지 지켜 보고 나서 좀더 나은 관리 방법을 지도해 주는 것이 좋겠다.

7. 성교육

수년 동안 일종의 성교육이 계속되어 왔을지라도 이제 당신의 자녀는 좀더 심각한 질문을 할 나이에 가까워지고 있다. 만약 그가 아무것도 묻지 않는다면 그는 어쩌면 운동장에서 해답을 주워 듣고 있는지도 모른다. 그런 경우에는 부모가 자연스럽게 대화를 이끌어서 자녀에게 질문을 하도록 유도하는 편이 현명하다. 운동장에서 주워 듣는 것보다는 부모로부터 올바른 사실을 알게 되는 편이 훨씬 좋다.

 자녀가 11살이나 12살이 되었을 때, 부모가 자녀와 함께 읽어야 할 좋은 책으로 케네스 테일러(Kenneth Taylor)가 지은 거의 12살(*Almost Twelve*)이라는 것이 있다. 이 책은 하나님께서 설계하신 바 대로의 인간의 생식작용을 간단하면서도 안전하게 설명하고 있다.

 이 나이에 너무 많은 지식은 너무 적은 지식보다 더 해롭다. 그들은 이성을 싫어하기 때문에 지나치게 친밀한 관계를 다루는 지식은 감당하기 어려울 것이다. 한편 그들에게 기본적인 것을 알게 해서 그것을 강력한 도덕적인 원리에 짜 넣어야 한다. 그들이 중학교에 들어가기 직전에, 성교의 즐거움은 단지 아기를 낳기 위해서가 아니라 하나님께서 결혼을 위해서만 보존하도록 계획하신 것임을 아는 것이 현명한 일이다.

8. 결 론

 이 나이는 재미있는 때다. 그들은 이제 당신과 함께 서로 대화하고 일하고 혹은 게임을 할 수 있을 만큼 자랐다. 이 시기는 당신이 만드는 대로 될 것이다.

 이제는 자라서 어른이 된 우리 애들이, 다른 사람들에게 우리는 언제나 어떤 것을 하는 가족적인 전통이 있다고 이야기하는 것을 들으면서 나는 내심 빙긋이 웃었다. 그들은 자랑스럽게 몇 가지를 댔다. 내가 잊어버린 것도 몇 가지 있으며 어떤 것은 전통이라고 인식하지도 못했던 것이었다. 그러나 그것들은 우리 아이들에게 강한 인상을 남겼고 이제는 그들이 자랑스럽게 "가족의 전통"이라고 명명하고 있다. 가족들은 "전통"이라고 부를 수 있는 것에 의해 아름답게 연합되어 있으며, 그것은 참으로 재미있는 이 초등부 단계에서의 사랑과 교제로부터 생겨났던 것이다.

8

놀랄 만큼 거칠고도 민감한 시기
(사춘기)

어린이에게 있어서 13번째 맞는 생일만큼 흥분되는 날도 없을 것이다(부모에게 있어서 그것은 종종 위협적인 일이다). 그날은 그가 어른의 세계로 들어가는 첫발을 내딛는 신호가 된다.

부모에게 있어서뿐만 아니라, 십대 자신에게도 십대 시절만큼 풍파가 많은 시기는 없을 것이다. 한때는 어린애같이 굴다가 그 다음 순간 그는 어른처럼 느낀다. 담즙질은 다른 어떤 기질보다 독립을 원한다. 그 다음이 다혈질이고 그 다음은 우울질, 마지막으로 점액질이다.

한 권위자가 십대에게 있어서의 차이점을 이렇게 지적했다.

"어떤 13세의 소녀는 훌륭한 보모 노릇을 하는가 하면 어떤 소녀에게는 아직도 보모가 필요하다."

십대에 들어서면 기질보다도 남녀의 구별이 더 분명히 드러나게 된다. 이 나이에는 신체적으로뿐만 아니라 정신적으로, 그리고 감정적으로도 소녀들이 소년들보다 더 성숙하다는 것은 잘 알려진 사실이다. 그것은 소녀들의 이성에 대한 관심과 더불어 나이가 더 많은 소년에게 마음이 끌린다는 사실을 설명해 준다. 그 성숙도의 차이는 20세에서 23세 사이쯤에나 고르게 된다. 그러나 기질이 변하리라는 기대는 하지 말라. 그것이 이제는 좀더 크고 어른다운 비율로 나타난다는 것 이외에는, 십대들은 어렸을 때 가지고 있던 것과 꼭 같은 기본적인 성격의 특색을 나타낸다.

당신이 만약 자녀들이 어렸을 때 부모의 임무를 잘 감당했다면, 십대를 기른다는 것은 정말 재미있는 일이 될 수 있다. 그러나 그들이 어렸을 때 그들의 인격과 기질을 빚어 낼 수 있는 기회들을 허비했다면 당신은 다음 6년 동안 당신의 일을 그만두게 될 것이다.

아동 심리학자 제임스 돕슨(James Dobson) 박사는 다음과 같은 적절한 말을 했다.

"십대의 폭탄을 해제하는 시기는 그가 5살이 되기 전이다."

수년 전, 남편과 나는 친구와의 교제를 마치고 차를 타고 돌아왔다. 그날 저녁 내내, 그 친구의 취학 전의 아이들은 자기 부모에게 버릇없는 말을 하면서 반항적으로 발버둥을 치고 야단이었다.

남편은 "저 친구는 지금부터 10년이나 12년 뒤에는 골치 꽤나 아프겠는걸" 하고 말했다. 그의 말이 옳았다는 사실을 보고하는 것은 정말 가슴 아프다.

왜 늘 갈등할까

십대로 들어선다는 것은 그에게 있어서 흥분할 일일 뿐만 아니라 동시에 분명히 위협적인 일이 될 수 있다. 그것은 그들이 중학생이 되어 새 친구들과 새로운 도전과 새로운 사람들을 만나게 된다는 뜻이다. 2년 후에 그들은 데이트를 시작할 수 있고 그 다음 해에는 고등학생이 되어 좀더 중요한 책임을 맡을 수 있게 된다. 그리고 6년만 있으면 그들은 대학에 가든지 직장을 갖든지 혹은 결혼할 수도 있다. 한마디로 말해서 어른이 된다는 기대감에 겁이 날 수도 있다. 왜냐하면 그것은 모든 인간들이 가장 두려워하는 것, 즉 변화를 요구하기 때문이다.

어린 십대들이 직면하는 가장 중대한 변화는 신체적이고 성적인 것이다. 천진난만한 어린 시절이 지나가고 갑자기 죄의식을 불러일으키는 성적 감정들이 들어선다. 종종, 소녀들은 부모와 자기 자신을 당황하게 만드는 최초의 소년에게 열광하는 단계를 가짐으로써 연애 소동을 일으킨다. 국민학교를 졸업한 뒤, 여름에 내 딸아이 하나가 창 밖을 내다보더니 자기가 오랫동안 존경하던 중3짜리 언니를 알아보고는 이렇게 말했다.

"어머나! 사라 언니 좀 봐. 창피하게 저기 남자아이들에게 윙크하네."

2년 뒤에 내가 창밖을 내다보니 내 딸아이가 그와 똑 같은 짓을 하고 있었다.

십대의 소년이 최초의 발기를 경험했을 때 느끼는 충격이나, 그가 최초의 몽정을 하고 나서 느끼는 부끄러움과 당황함을 아빠들은 종종 잊어버리며 엄마들은 이해하지 못한다. 다혈질과 담즙질은 자기 잠을 깨워 준 사람에게 "지저분한 것"을 들킨다. 우울질과 점액질은 보통 그러한 경험을 감추고 오랜 기간 동안 쓸데없는 죄의식을 갖게 된다.

그들의 솟구치는 성욕과 함께 오는 죄의식 때문에 당신의 십대 자녀가 이성의 부모에게 애정을 보이기를 꺼려 할지라도 놀라지 않도록 하라. 그것은 보통 일시적인 일이지만, 그들이 그 기간 동안 당신의 사랑을 확인하는 일은 아주 중요하다. 그들은 당신의 사랑을 받을 자격이 없다고 느끼지만, 어느 때보다도 더 많이 당신의 사랑을 원하며 그것을 더 많이 필요로 한다. 그러나 불행하게도 그들의 행동이 그들을 사랑하는 것을 어렵게 만든다. 그러나 어쨌든 그들을 사랑해 주어라. 당대의 위대한 청년 지도자였던 고(故) 헨리에타 미어즈 박사(Dr. Henrietta C. Mears)는 이렇게 말하곤 했다.

"이 시기에는 부모만이 그들을 사랑할 수 있으나 때때로 아버지는 어머니가 그들을 어떻게 견딜 수 있는가를 의아하게 생각한다."

갈등의 또 하나의 이유는 초기 십대들이 경험하는 깊은 열등의식과 불안정이다.

이와 같은 전(前)성인 세계로 들어서면서 그들은 자신들의 부적당함과 무경험과 불충분함을 보통 의식하지 못한다. 그렇지만 그들은 진정으로 용납되기를 바란다. 결과적으로 그들이 어른의 수준에서 일을 해내지 못하기 때문에 당신이 그들을 어린애 취급을 할 때 그들은 반항적인 행동을 한다. 이 단계에서 그들은 계속적인 비판이 아니라 이해와 가르침과 격려가 필요하다. 부모의 승인은 우리가 종종 깨닫는 것 이상으로 가치있는 것이다.

그러한 상황에 직면해서 그들이 실수했을 때 당신은 벌컥 화내지 않도록 애쓰라. 그들이 1년 전에 어떠했는가를 기억하라. 그들은 분명히 아직도 완전히 성숙하지 않았다. 그들이 능력 이상으로 해낼 것을 기대한다는 것은 불공평한 일이다. 당신의 십대 자녀를 어느 날인가 성숙하고, 믿음직스러우며, 능력있게 될 존재로 본다는 것 역시 중요한 일이다. 당신이 만약 그를 부적당하고, 게으르고, 서투르다고 생각한다면, 당신이 그런 말을 한마디도 안한다 해도 당신은 그러한 내용을 그에게 전달하게 된다. 그것은 특히 우울질과 점액질, 때로는 다혈질의 젊은이에게도 다만 자기가 부적합하다는 느낌을 확인시켜 줄 뿐이다.

인격으로 인식되려는 탐구는 만 13세부터 매일 커진다는 사실을 기억하라. 기회 있을 때마다 정직하게 해주는 당신의 칭찬은 그에게 자신이 어느 날 해낼 것이라는 희망을 줄 것이다. 당신이 만약 그를 믿지 않는다면, 그는 분명히 자신을 믿지 않게 될 것이다. 십대 초기의 청소년이 자신을 받아들이는 데 도움을 주는 가장 중요한 사람이 부모라는 사실은 이미 잘 알려진 사실이다.

이와 같이 성장하는 시기에 있는 십대의 자녀와 부모 사이의 갈등을 한층 더 고조시키는 또 하나의 원인은, 부모들은 그들이 아직 준비가 되어 있지 않다고 생각하는데 자신들은 좀더 자유롭기를 원하는 것이다.

부모들은 "네가 책임질 수 있다는 것을 내게 보이렴. 그러면 네 자유를 늘여 줄테니"라고 말한다.

십대 자녀는 "내게 좀더 많은 특권을 주세요. 그러면 내가 책임질 수 있다는 것을 보여 드릴테니까"라고 말한다. 종종 십대들로부터 듣는 불평 가운데 하나는 "부모님은 나를 신뢰하지 않아요"라는 것이다.

그렇지만 그것은 신뢰의 문제가 아니라, 미성숙의 문제이다. 십대들은 부모가 생각하는 것보다 자신들을 좀더 어른이라고 생각한다. 대부분의 부모들은 그들의 십대 자녀들에게 좀더 많은 어른의 책임을 주어야겠지만, 앞으로의 기회는 현재 책임에 대한 그들의 성취 여하에 달려 있다는 것을 분명히 알게 해야 한다. 부모들은 십대들이 좀더 많은 어른의 특권을 얻기 위해서, 자기 옷과 방과 숙제를 제대로 감당하는 것을 기대할 권리가 있다. 언제 "풀어놓고" 언제 "붙잡아 두느냐"에 대해서는 적절한 대답을 할 수 없지만, 십대들이 어른처럼 행동할 때 어른처럼 취급해 주어야 한다. 물론 그 반대 역시 마찬가지다. 중요한 점은 당신이 실제적으로 기대하라는 것이다.

가족의 오락과 교제의 즐거움

지금까지도 우리 가족(결혼한 자녀와 그들의 자녀를 포함해서)들은 가족끼리의 게임과 교제를 나누고 있다. 십대들은 많은 정력— 일을 하기 위한 정력은 제외하고—을 가지고 있고 이제 그들은 점점 성장하고 있으니까, 좀더 어른다운 활동에 참여할 수 있다.

온 가족끼리 즐길 수 있는 활동과 취미와 운동 등을 개발하도록 하라. 그들과 함께 피크닉을 가고 게임을 가르치고 당신과 시합을 하도록 하라. 당신이 얼마나 많은 자녀를 두었느냐에 따라, 6살부터 12살까지는 당신의 시간을 많이 필요로 하지만, 그것은 당신이 나중에 골치 아픈 일을 겪지 않도록 해줄 것이다.

요즈음의 생활 방식은 역사상 어느 세대보다 더 많은 여가를 제공해 준다. 대부분의 여가는 함께 보내야겠지만, 당신은 십대들과 어른들이 모두 즐길 수 있는 것을 배워서 해야 한다. 그것은 때때로 당신이 즐기는 것을 아이들에게 가르쳐 주어야 하고, 때로는 당신은 좋아하지 않지만 그들을 기쁘게 해주는 것을 하기도 해야 함을 의미한다.

아이들이 어렸을 때, 나의 남편은 가족들과 함께 수상스키를 하기 위해 골프치는 것을 포기했다(그는 두 가지를 다할 시간이 없었다). 나는 수영을 할 줄 모르는데도 불구하고 보트 타기를 배웠다. 그것은 온 가족이 함께 즐기는 일이었기 때문이다. 손자들이 태어난 뒤에도 우리는 함께 휴가를 즐길 수 있는 활동을 하고 있었음을 거의 깨닫지 못했다(우리 가족과 결혼 관계를 맺기 위한 한 가지 조건은 수상 스키를 할 줄 알거나 그것을 기꺼이 배우려는 태도가 있어야 한다는 것이다).

내가 남편을 알게 된 이래로 그는 줄곧 "축구광"이었다. 나는 그것을 가지고 논쟁을 벌이는 대신 그와 함께 구경을 가기로 결정했다. 나는 이제 남편만큼이나 축구를 즐기고 있다. 아이들이 십대가 되었을 때 우리는 축구 구경 가는 것을 가족 행사로 삼았다. 나는 소풍갈 때처럼 음식 준비를 해야 했고 우리는 일반석을 살 여유밖에 없었으므로, 일찍 가서 줄을 서야 좋은 자리를 얻을 수 있었다. 게임이 있을 때마다 온 가족이 5-6시간의 교제를 갖게 되었다. 지금 우리는 텔레비전을 통해 축구 시합을 함께 보는 가족 오락 시간을 가지고 있다. 그러한 활동 이외에도 겨울엔 스키 등을 한다. 우리 자녀들이 어렸을 때, 그들이 우리의 가장 친한 친구가 되리라고는 꿈에도 생각지 못했었다.

친구에 대해서 말하자면, 모든 기질들이 친구를 갖는다. 우울한 청소년조차도 비록 많지는 않지만 친구를 사귄다. 당신의 자녀가 다른 젊은이들과 어울리지 못하고 그 주위에서 빙빙 돌지 않도록 하려면, 당신의 집을 그의 친구들의 안식처로 삼아서 그들과 함께 가족들의 오락 시간을 갖도록 해보라. 무의식적으로 그들은 가족들이 좋아하는 친구들을 고를 것이다. 사실 당신의 자녀들이 비록 나이 차이가 별로 없다 하더라도, 한 아이가 좋은 영향을 주지 못하는 친구를 초대했을 때 당신은 많은 말을 할 필요가 없다. 형제끼리 그것을 지적해 낼 것이다. 때로는 아주 고통스러울 만큼.

도구로서의 체육

오늘날 사람들은 조깅을 하고, 자전거를 타고, 등산을 하고, 하이킹을 가는 등 우리가 십대였을 때는 생각지도 못했던 많은 일들을 행하고 있다. 그것을 대유행이라고 말하는 사람들이 우리와 함께 살고 있으므로, 당신은 그것을 하나의 도구로 삼을 수 있다. 인격 탐색에 있어서 십대 자녀들이 많은 것을 배우고 잘하는 것을 가지고 있다는 것은 중요한 일이다.

　십대들은 누구나 인기가 있기를 원한다. 친구들이 많은 아이들은 보통 대부분의 것을 다 잘하거나 아주 많은 것을 잘하기 때문에 다른 것을 시도하기를 두려워하지 않는다는 사실을 주의해 본 적이 있는가? 공굴리기를 잘하는 여학생은 피구도 잘하며, 정구를 꽤 잘하는 여학생은 고등학교 때 데이트 신청도 많이 들어온다.

　오늘날 새로운 것을 시도하기를 두려워하는 남학생은 별로 인기가 없다. 어떤 일을 즐길 줄 아는 법을 배울 수 있어야만 그 일을 능숙하게 해낼 수 있다. 그리고 당신은 십대 자녀에게 그것을 배우도록 격려할 수 있다.

　돕슨 박사(Dr. Dobson)가 지적한 바와 같이, 어린이가 각기 어떤 일을 탁월하게 잘하도록 배운다는 것은 그들의 개발에 아주 중요하다. 그것은 그에게 대단히 필요한 자기 용납을 얻는 데에 도움이 된다. 생의 한 분야에서 얻은 성취감은 다른 일에 있어서도 자신을 갖게 해준다. 당신의 십대 자녀가 좋아하는 것을 찾아내서 가능하다면 가르침을 받게 하고 계속 연습을 시켜라. 그에게 운동이 맞지 않는다면 악기나 악단이나 다른 취미 등을 지도해 보라. 그들은 적어도 한 분야에는 전문적으로 배울 필요가 있다.

　당신의 자녀가 체육에 천성적인 소질이 없다면(이것은 어떤 기질에게도 가능하다) 그의 기질과 친구들이 운동에 대한 열망을 결정해 줄 것이다. 다혈질은, 모든 것에 열정적이므로 모든 활동에 즉시 뛰어든다. 불행하게도 훈련의 부족으로 운동의 새로운 맛을 잃은 뒤에는 계속하지 못하며, 불안정함 때문에 어떤 다른 것을 시도하려고 든다. 따라서 그들은 많은 것을 할 줄 알지만 아주 잘하는 것은 하나도 없다. 어떤 운동을 배우게 되었을 때 지루한 단계에서 그것을 계속하도록 부모가 격려하면 다혈질에게 차이를 가져 올 수 있다.

담즙질은, 천성적인 경쟁자며 종종 운동에 모든 것을 소모하고 만다. 그는 고등학교 시절에 운동 선수가 되어 데이트나 학술 활동에는 별로 흥미를 보이지 않는다.

점액질의 학생은, 다른 학생들이 하는 일에 참여하도록 계속 격려해 주어야 한다. 보통 그는 독단적이 아니어서 경쟁에 저항을 느낀다. 협조를 잘하고 근본적으로 능력도 있지만, 그는 자기 잠재력을 거의 이용하지 않는다. 그는 일단 어떤 운동에 자신감을 갖기만 하면 평균 이상을 유지한다. 점액질의 학생은 종종 정구나 육상경기나 수영과 같은 개인 운동에 더 끌린다. 그러나 만약 그의 친구들이 단체 운동에 참여하게 되면, 그는 그것도 역시 아주 잘하기 위해 특별히 노력할 것이다. 잔소리하지 않고 부모가 격려해 주면 달라질 것이다.

우울질의 학생은 다음 둘 중의 하나에 속한다. 운동을 아주 잘 해서 쉽게 능숙해지거나 아니면 흔히 운동에는 별 흥미나 의욕이 없다. 사실 우울질만큼 반사회적인 기질도 없다. 그는 흔히 음악, 미술, 과학 혹은 생각하는 부분에 재능이 있다. 그러한 어린이는 반대하지 않을 만한 어린 나이에 운동을 시작해야 한다. 당신이 만약 너무 오랫동안 기다리느라고 시작하지 않았거나, 그가 흥미를 보이지 않는다면 그들을 강제로 밀어내지 않도록 하라. 당신이 지적인 고독자나 음악 애호가인 그를 있는 그대로 받아들이는 것이 중요하다. 이 세상은 체육에는 흥미가 없는 음악가나 예술가로부터도 많은 유익을 받고 있다. 그렇다 해도 야구나 배구나 수영은 그의 교회 청소년 수양회 때의 경험을 풍성하게 갖게 하고 신체적인 건강을 위해서 격려해 주어야 한다.

우울질의 학생은 종종 비협조적이며 운동을 어렵게 여긴다. 그들은 지는 것을 다른 사람들보다 더 심각하게 받아들이기 때문에 공개적으로 망신을 당하기보다는 처음부터 뒤로 물러나 있기가 쉽다.

"난 운동을 좋아하지 않아요" 혹은 "나는 할 줄 몰라요"라는 그의 주장에 속지 말라. 그와 같았던 많은 어린이들이, 사랑하는 부모가 상당히 잘할 수 있을 때까지 뒷받침을 해준 것 때문에 크게 이익을 얻고 있다.

운동이 다는 아니다

우리가 운동하는 것에 너무 강조점을 두고 있다고 생각할지도 모르겠다. 어떤 어린이는 그렇게 잘 협조하지 않지만 다른 것은 어릴 때부터 잘할 줄 안다. 당신의 자녀가 그렇다면 그를 그대로 받아 주고, 그의 재능을 찾아내어 그것을 아주 잘하도록 도와주어라.

그러나 많은 부모들이 그런 것처럼, 자녀의 첫번째 시도에 그를 너무 실망시켜서 그가 중단해 버리게 하는 실수를 범하지 말라. 격려해 주면 그는 자기가 아주 잘할 수 있는 운동을 발견할 수 있다. 그것은 자기 나이 또래의 다른 학생들과 어울리고 그가 자신감을 갖는 데에 도움이 된다.

게다가 체육은 인생을 위한 훌륭한 기초 훈련이다. 운동은 배우는 것과 연습하는 것과 자제력과 희생과 다른 사람들과 어울릴 수 있는 능력을 요한다. 운동 경기를 보고 있노라면, 선수들이 어떤 종류의 사람인가를 알 수 있다. 경쟁의 압박감은 경쟁하는 사람의 정신을 드러내기 때문이다. 경기장에서의 그의 모습이 바로 인생에서의 그의 모습이 될 것이다.

어떤 학생이 만약 이기적이고 치사하며 불공평하다면 경기장에서 그것이 표면적으로 드러날 것이다. 또는 그가 끈질긴지 혹은 물러나 버릴 것인지도 운동할 때 드러날 것이며, 당신은 거기에 관해 적절한 조치를 취할 수 있다.

수년 전, 우리에게는 다혈우울질의 친구가 한 사람 있었는데 그는 잘 협조하질 못했고, 그의 아버지는 자신이 체육가이면서도 자기 아들을 훌륭한 운동가로 훈련시키는 일을 소홀히 했다. 그는 운동에 참여할 때마다 언제나 속임수를 썼다. 나의 남편은 그와 골프를 치고 집에 와서는 언제나 불평을 했다.

"그에게 가장 좋은 골프채는 연필이란 말이야. 그는 절대로 자기 스트로크를 다 가산하질 않거든."

수년 뒤, 그의 속임수는 표면화되어 그는 크게 그 대가를 치렀다.

우울질의 고독

우울질의 자녀를 둔 부모는 그들의 아들이나 딸이 다른 사람들로부터 물러나서 자기 방에 혼자 틀어박혀서 공부하거나, 그림을 그리거나, 음악을 듣거나, 과학을 연구하는 것을 보고는 종종 실망한다. 그가 재능이 많으면 많을수록 그는 은둔자처럼 틀어박혀 있기가 쉽다. 당신이 그러한 자녀를 신중히 다루는 일은 아주 중요하다.

운동 애호가인 아버지(특히 담즙질이나 다혈질)는 자기 자녀가 운동을 거부하고 친구들로부터 뒤로 물러날 때 온갖 잘못을 범한다. 그는 자녀에게 망신을 주거나 조롱하거나 혹은 강요하지만, 아이는 더욱더 깊은 고립의 동굴 속으로 들어갈 뿐이다. 일단 당신이 그를 끌어내리려고 애를 쓰려면 그를 있는 그대로 받아들여라. 그러면 그는 당신의 축복을 받으면서 자신의 계획을 추구하여 그의 타고난 창조력과 재능을 개발시킬 것이다.

청소년과 교회

성경적인 교회에 적극적으로 참석하고 있는 부모는 십대를 기르는 데 있어서 교회에 다니지 않는 부모보다 이점을 가지고 있다. 오늘날 사립학교들은 수라장이 되어 가고 있다. 마약, 부도덕, 도색잡지, 폭력 그리고 어떤 곳에서는 마술 등이 한때는 위대한 교육장이었던 곳을 대치해 가고 있다. 따라서 기독교 학교에 보내지 않는 한, 학교에서 받는 훈련은 그들에게 필요한 것, 당신이 바라는 것과는 반대가 되기 쉽다. 그러면 바로 교회가 그들의 삶을 위한 하나님의 원칙을 배우고, 가정의 기준을 손상시키기보다는 반영시킬 수 있는 사회생활을 즐길 수 있는 안식처가 된다.

대부분의 진보된 교회에는, 일반 그리스도인 청소년들의 마음을 끌 수 있는 중고등부 프로그램을 계획하는 교육 목사나 헌신하는 평신도가 있다. 청소년기의 어느 때에, 당신의 아들이나 딸이 매혹되었던 그들의 청소년 그룹에서 빠져나온다 해도 놀라지 말라.

때로 부모들은 개인적인 갈등이나 개인적인 질투가 타오를 때 맹목적으로 자기 자녀의 편을 든다. 그러한 이유로 그들이 청소년 그룹에서 빠져나오는 것은 때때로 치명적인 일이 될 수도 있다. 주일 학교나 중고등부를 싫어하는 학생이 4명 중 1명꼴로 있는 것으로 아는데, 어쨌든 우리는 그가 계속 다니도록 주장해야 한다. 종종, 1년도 못되어서 그의 마음은 변하게 된다.

그리스도인 부모들은 그들의 십대 자녀들 앞에서 교회를 지지하는 태도를 보여야 하며, 그들을 위해 교회에서 제공하는 모든 저녁 모임에 참석하도록 도와주어야 한다. 그들이 혹시 "난 그 교회나 중고등부에 나가지 않을테야!"라고 말한다 해도 놀라지 말라. 당신은 부모며 그들은 자녀다. 당신의 권위가 지금 도전을 받고 있다. 당신이 만약 그러한 반항을 너그럽게 놓아 둔다면 그리스도인이 아닌 친구들이 교회 친구들의 위치를 대신 차지하며 당신은 정말로 문제를 갖게 될 것이다. 당신의 교회와 그 중고등부 프로그램이 완전치는 않다(완전할 것을 기대하지 말라). 그러나 그것은 그들이 교회에 나가느냐 안 나가느냐하는 선택권을 주는 것보다는 훨씬 낫다. 청소년들은 어린 아이들과 같이 당신의 규칙을 시험해 본다. 그들의 시험으로 놀라지 않도록 하라. 시험을 기대하고 대처할 준비를 갖추고 있으라.

중고등부를 못마땅하게 생각하는 부모들에게 한 가지 제안을 하겠다. 문제는 보통, 어른들의 지도력 결핍에 있음을 우리는 교회에서 발견했다. 모든 그리스도인 부모들은 좋은 청소년 프로그램을 원한다. 그러나 그러한 프로그램이 요구하는 지도력을 제공하기 위해 하나님께 자신을 드리려고 하는 사람들은 별로 없다.

몇 년 전 우리 교회 교육 목사님이 전례를 깨뜨리고 부모들에게 그들의 십대 자녀들이 다니는 중고등부에서 일하도록 권유했다. 그는 현명하게도 그들이 중고등부에 자연스러운 관심을 가지고 있으며, 그 프로그램을 성공적으로 하기 위해 자신들의 시간을 기꺼이 희생시킬 것이라고 생각했다. 처음엔 학생들이 불평했다.

"우리는 그럼 부모한테서 떨어질 기회가 없잖아요."

그리고 어떤 부모들은 그것이 그들을 십대들로부터 소외시킬까

봐 두려워했다. 그러나 사실은 정반대의 일이 일어났다. 중고등부 학생들과 부모들은 공동 관심사가 많았으며 함께 그 일을 하는 것을 즐겼다. 학생들은 그들의 부모가 지도자나 보조자라는 사실에 자부심을 느꼈다(그들은 때때로 그 상황을 좋지 않게 말했다. 그러나 그것은 무의미한 말일 뿐이었다).

우리가 우리의 청소년들과 보낸 시절을 돌이켜 볼 때, 교회에서 주관하는 소풍과 간단한 파티, 강으로의 여행과 수양회, 복음 집회와 기타 우리가 함께 참여했던 활동들이 귀중하게 여겨진다. 그리고 우리는 교회가 그들 각자의 생애에 아주 중요한 공헌을 한 데 대해 하나님께 찬양드린다.

어느 주일날 예배가 끝난 뒤, 한 신경질적인 어머니가 나의 남편과 악수를 하면서 이렇게 말했다.

"목사님, 우리 가족을 위해 기도해 주세요. 우리 세 아이들이 모두 십대랍니다."

집에 오는 길에 남편은 내게 그녀의 문제를 설명해 주었다.

"그 부인의 십대 아이들은 온통 문제 투성이인데 영적인 도움을 받을 수 있는 데라고는 주일 학교와 그들이 가끔 참석하고 싶을 때 나오는 예배뿐이라오. 그들은 주일날 저녁이나 주간 중에 그들을 위해 계획된 청소년 활동에는 나온 적이 없었다오."

우리도 십대인 세 아이가 중1에서 고3까지 동시에 있었지만, 우리는 그것을 즐기고 있었다. 한 가지 커다란 차이는 우리 아이들은 중고등부의 모든 활동에 기꺼이 참여한다는 것이었다. 우리는 교회와 그 중고등부에서 우리 아이들에게 해준 사역으로 인하여 하나님을 찬양한다. 자녀들에게 계속 참석하도록 종용한 다른 모든 부모들도 그럴 것이다. 그들의 십대 자녀들에게 참석하라고 강요하지 않은 많은 부모들은, 자녀들이 그리스도인이 아닌 친구들과 사귀었기 때문에 그것을 후회한다.

청소년의 친구 선택

친구의 압력이 십대들의 생활에서는 아주 강하기 때문에 어떤 성장 단계에서는 친구들의 영향력이 부모의 영향력보다 더 크게 미친다. 15세부터 고등학교 졸업반 사이에(그들의 기질에 따라서) 그러한 친구들의 영향력은 훌륭한 부모가 훈련시켜 온 많은 것을 무효로 만들어 버릴 수 있다. 한편 활발한 그리스도인 청소년 친구들은 훌륭한 가족의 가르침과 기준을 강화시켜 줄 것이다.

고린도전서 15:33에는 종종 많은 부모들을 놀라게 하는 중요한 가르침이 있다.

"속지 말라 악한 동무들은 선한 행실을 더럽히나니"
라고 하나님께서 말씀하시기 때문이다.

우리는 청소년 자녀들이 나쁜 영향을 주는 동성의 친구들이나 "단짝"으로 만나는 이성과의 교제는 방관하면서, 그들의 깊은 우정을 끊어 달라고 기도하는 현명치 못한 부모들을 보아 왔다. 실제로 그들은 그와 같이 구원받지 못한 친구들과 자신의 자녀가 돌아다니도록 그냥 놓아 둠으로써 부모로서의 의무를 태만히 하고 있는 것이다.

당신의 자녀가 당신의 가정에서 살고 당신과 함께 식사를 하는 한, 당신은 그들의 우정 관계를 결정할 권리가 있다. 문제는, 벤자민 스포크 박사(Dr. Benjamin Spock)도 인정하는 바와 같이 너무나 많은 부모들이 자신의 십대 자녀가 그들을 인정해 주지 않거나 "나는 아빠, 엄마가 미워요!"라고 말할까봐 두려워한다는 것이다. 많은 십대 자녀들이 화가 나서 자기 부모에게 그런 말을 하는 것에 당신은 놀랄지 모르지만, 그것은 그들이 스스로 택한 친구들과 제멋대로 할 수 없기 때문에 생긴 일시적인 감정이다.

영적으로 타락한 이 때에 당신은 교회 밖에 있는 젊은이가 교회 안에 있는 친구들보다도 십대에겐 훨씬 더 매혹적임을 알게 될 것이다. 문제는 그리스도인 친구들이 "지루한" 것이 아니라, 당신의 십대 자녀 자신이 영적으로 올바른 상태가 아니기 때문에 세상적인 십대 청소년들이 그에게는 더 매력적이라는 것이다. 당신이 만약 그를 교회의 청소년 그룹에서 빠져나와 세상으로 달려가게 놓아 둔다면 세상은 그를 망쳐 놓을 것이다.

나의 남편이 17세 때, 미망인이었던 그의 어머니가 경건의 시간에 그 말씀을 발견하고 그의 친구들이 그를 주님으로부터 멀리 데려가고 있다는 사실을 깨달았기 때문에, 그는 지금 이 사역을 하고 있는 것이다.

어느 토요일 아침, 그의 어머니가 그를 앉혀 놓고 이야기를 하셨다.

"그 애들은 네 생활에 나쁜 영향을 미치고 있다. 나는 네가 그들과 절교하고 교회에서 다시 친구들을 사귀기 바란다."

그는 당연히 거절했다. 세상적이고 고집스러운 십대 소년인 그가 그러지 않았겠는가? 그러자 어머니가 말씀하셨다.

"얘야, 너는 이제 다 커서 난 더 이상 너를 이길 수가 없구나. 그렇지만 네 세상적인 생활로 인해 네 동생들까지 영향을 받게 할 수는 없다."

그리고 나서 어머니는 눈물을 흘리며 덧붙였다.

"네가 나와 한솥에서 밥을 먹는 한, 너는 내가 말하는 대로 해야 한다. 그렇지 않으면 너는 다른 곳에 가서 살아야겠지."

그는 몇 주 동안은 화가 나 있었지만 결국은 투덜대면서도 순종했다. 오늘날 그는 그때가 자기 생애의 전환기라고 말한다. 개인적으로 나는, 그가 그런 어머니를 가졌다는 사실에 대해 하나님께 감사드린다.

그리스도인 청소년들은 서로 도움을 줄 수 있다. 특히 부모와 갈등을 느끼고 있을 때, 모든 십대들은 신뢰하고 자기 속을 털어 놓을 수 있는 사람이 필요하다. 그들은 당신과 기본적인 확신이 같고, 비슷한 기준을 가지고 있는 가정에서 자란 그리스도인 친구를 사귀는 것이 훨씬 더 좋다. 이와 같은 때에 구원받지 못한 청소년들은 그들의 반항심을 길러 줄 뿐이다. 성경적인 원리를 기억하라.

"육에 속한 사람은 하나님의 성령의 일을 받지 아니하나니 저희에게는 미련하게 보임이요 또 깨닫지도 못하나니 이런 일은 영적으로라야 분변함이니라"(고전 2 : 14).

데이트 지침

데이트란 십대의 청소년에게뿐만 아니라 그들의 부모에게도 흥분할 만한 경험이다. 어떤 부모들은 그것이 상처를 남기는 일이라고 말한다. 어떤 부모들은 그것이 자녀를 기르는 데 있어서 즐길 만한 부분임을 발견한다(그러나 어느 쪽이든 당신은, 당신의 자녀가 데이트를 하거나 하기를 바란다는 것을 알 수 있다). 중학생이라는 어린 나이에도 데이트에 대한 압박감은 특히 여학생에게 강한 영향을 준다.

데이트하는 시기에 "상처가 남는" 주요 원인은 보통 십대와 그 부모가 준비되지 않은 상태에서 거기에 사로잡히기 때문이다. 청소년들은 그들의 부모가 어떤 것을 그들로부터 기대하는지 알지 못하며, 부모들은 언제나 서로 합의하고 있지 않다. 그것은 재난의 한 공식이다.

우리는 우리 자녀들에게 주일 학교와 학교와 생일과 크리스마스와 수영 강습과 인생의 다른 모든 사건들을 준비해 준다. 그런데 왜 데이트는 준비해 주지 않겠는가? 만약 첫 아이가 올바로 준비된다면 동생들이 같은 기준을 받아들이는 것은 비교적 쉬운 문제임을 우리는 발견한다. 만약 부모가 첫 아이에게서 실패한다면 그들은 또한 나머지 아이들에게도 실패할 수가 있다.

데이트는 몇 가지 이유 때문에 많은 부모들의 마음속에 두려움을 가져다 준다.

첫째로, 그것은 독립으로의 거보(巨步)이기 때문이다. 부모들은 보통 데이트하는 자녀들과 함께 동반하지 않는다. 결과적으로 그들은 자녀들이 두세 시간씩 다른 사람과 밖에 나갈 때 그들을 통제할 수 있는 시간을 잃어버린다.

둘째로, 어떤 부모들은 그들의 자녀를 신뢰하는 법을 배우지 못했기 때문이다. 데이트는 그러한 신뢰의 결핍을 역설해 준다.

셋째로, 그들은 미리 지침을 준비하지 않았기 때문이다. 따라서 그것은 그들의 두려움을 과장시킨다.

우리는 우리 아이들 네 명과, 부모가 중고등학교 시절을 우리와 함께 보내도록 보낸 선교사의 자녀들 6명을 포함해서 모두 10명의 아이들에게 우리의 데이트 지침을 사용하는 특권을 가졌다. 우리가 선교사의 십대 자녀들을 받아들일 때는 그들이 우리의 데이트 지침에 동의한다는 조건과 함께였다. 때때로 선교사의 청소년 자녀들과 우리 아이들과 "대결"이 있기는 했지만, 그것은 근본적으로 아주 즐거운 경험이었다. 다음은 우리가 수년간 개발해 온 기준이다.

1. 데이트는 만 15세 이상에게만 허용한다

만 15세가 될 때까지 데이트를 보류해 두는 일은, 남자아이들에게는 아무 문제가 없다. 사실 그들은 대부분 훨씬 더 늦게까지도 흥미를 갖지 않는다(혹은 비록 흥미를 가졌다 해도 할 여유가 없다). 그러나 소녀들은 다르다. 우리가 보아 온 것처럼, 소녀들은 신체적으로나 사회적으로 소년들보다 빨리 성숙해진다. 따라서 그들은 종종 아주 일찍부터 데이트를 시작하려고 조바심을 낸다. 불행하게도 그들 나이 또래의 남자 아이들은 소녀들에게 관심이 없거나 매력을 느끼지 못한다. 그러므로 이 어린 소녀들을 택하는 것은 나이가 더 많은 소년들인데 이것에는 문제가 있다.

비록 데이트를 시작하는 나이를 만 15세로 제안하기는 하더라도 학생들이 교회에서 단체로 수양회를 한다거나 다른 단체 활동에서 서로 어울리는 것을 없애 버려서는 안 된다. 그렇지만 남학생이 여학생 집에 와서 특별히 외출을 하게 되는 공식적인 데이트는 매력이 있는 만 15세의 생일을 맞을 때까지 보류해야 한다.

2. 그리스도인과만 데이트를 하라

하나님의 말씀에 구체적으로 명시된 한 가지 중요한 원칙은 "너희는 믿지 않는 자와 멍에를 같이하지 말라"(고후 6:14)는 것이다.

데이트는 언젠가는 결혼까지 이어질 수도 있는 교제의 멍에다. 당신의 자녀가 "내가 이처럼 사랑하지만 구원받지 못한 이 사람과 결혼을 해야 하나, 헤어져야 하나?"를 결정해야 하는 감정적인 상처를 막아 주는 길은, 첫째로 그들이 그러한 사람과 개인적인 외출을 하지 못하게 하는 것이다. 당신의 아들이나 딸이 데이트를 한 적도 없는 사람과 그런 문제에 개입된다는 것은 극히 드문 일이다. 그 기준은 그들이 홀딱 반한 미남 축구 선수와의 동반을 금지당할 때 눈물을 찔끔거리게 할 수 있다. 그러나 그것은 나중에 가슴 아픈 상처를 남기지 않게 해줄 것이다.

자기 자녀들을 끔찍이 사랑하는 훌륭하고 헌신된 그리스도인들이 그러한 기준을 설정해 놓지 않았기 때문에 그 자녀들을 잃어 버리는 경우를 우리는 수년 동안 지켜 보아 왔다. 우리는 최근에도 그런 후회를 하며 살고 있는 많은 사람들과 함께 울면서 기도해 왔기 때문에, 여기서 이것을 언급하는 것이다. 우리는 그러한 두 소녀를 알고 있는데 그들은 18세에 결혼해서 19세에 이혼했다. 부모들은 물론 본인들도 마음에 상처를 받은 것은 말할 나위도 없다.

3. 데이트하기 전에 아버지와의 면담을 계획하라

어떤 청년이 당신의 딸과 데이트를 할 때 그는 당신의 가장 귀중한 소유물을 데리고 나가는 것이기 때문에 그것은 아주 심각한 일이다. 만약 어떤 사람이 당신의 자동차나 카메라를 빌려 간다면 당신은 그것을 사용하는 데에 필요한 지침을 아주 분명히 알려 줄 것이다. 어떤 청년이 당신의 딸과 함께 외출을 한다는 것은 이보다 훨씬 더 중요한 일이다. 그것이 어떤 사람에게는 겁을 주어서 쫓아 버릴지 모르지만, 당신은 당신의 딸이 그런 종류의 사람은 피하기를 원할 것이다. 승낙을 받기 위해 그 소녀의 아버지를 대면할 만한 용기가 없는 소년은 그 소녀를 데리고 나갈 자격이 없는 것이다.

그러한 면담은 아버지에게 네 가지 일을 할 기회를 준다.

첫째, 그 청년이 참으로 그리스도인인가를 친히 보게 된다(간접적인 간증이 언제나 유효하지는 않다).

둘째, 그의 동기를 검토해 본다. 그는 그 나이에 따른 자기 인생의 목표나 계획이 있는가? 아니면 그에게 있어 당신의 딸은 일순간의 목표에 불과한가?

셋째, 그들이 따라야 할 지침들을 분명하게 내놓는다. 당신의 딸이 그것을 지키겠지 하고 기대하지 말라. 게다가 전달 과정에서 어떤 것은 빠질 수도 있다.

넷째, 그 청년이 자라 온 가정 생활을 재어 본다. 그것이 반드시 그들의 데이트의 가부를 결정해 줄 조건은 안 되지만, 만약 그 청년이 자기 부모를 사랑하고 존경한다면 그것은 당신이 그와 어떤 관계를 기대할 수 있는가를 알려 준다. 그 반대 역시 마찬가지다.

당신의 아들이 그리스도인 소녀와 데이트를 원할 때 당신은 딸의 경우와 근본적으로 똑같은 지침을 나눌 수 있다. 그러면 그는 자기가 함께 외출을 하는 소녀와 그러한 기준을 세워 놓는다. 만약 그가 어떤 소녀와 두세 번 이상 데이트를 했는데 당신이 그녀를 개인적으로 모른다면, 그에게 소녀를 가족들의 오락 시간에 데리고 오도록 하거나 따로 면담할 기회를 마련하도록 하라(나는 여기서 어머니가 그 면담이나 가족 친목회에 참여하도록 제안한다. 왜냐하면 귀여운 소녀가 아버지를 "속이기"는 쉽기 때문이다. 특히 아들이 개입되어 있을 때는 여자가 여자를 평가해야 한다).

빌 가서드(Bill Gothard)가 그의 세미나에서 아버지와의 면담을 포함한 아주 중요한 데이트 지침을 우리와 수많은 부모들에게 가르쳐 주었다. 그것은 참으로 우리의 절차를 뒷받침해 주는 것이었으며, 요즈음 그리스도인 청년들이 받아들이기에 아주 쉬운 과정이었다.

4. 모든 데이트는 미리 승낙을 받아야 한다

젊은이가 당신과 당신의 지침에 익숙해질 때까지는, 그들이 당신이 좋아하지 않는 활동에 급히 승낙을 받으려고 서두르게 하지 말라. 우리는 우리 십대 자녀들에게, 승낙을 받아야 할 데이트에는 모든 교회 활동과 외출, 파트너가 필요한 파티, 운동 경기 등 그들이 요청하기를 원하는 모든 특별 행사가 다 포함된다는 사실을 명백히 했다. "요청할 필요조차도 없는" 명단에는 영화 구경, 댄스, 지도자가 없는 사적인 파티 혹은 음주가 수반된 모든 행사가 끼어 있다.

5. 고등학교를 졸업할 때까지는 넷이 같이 하는 데이트만 한다

아마 그들이 가장 반대하는 기준은 다른 그리스도인 한 쌍과 함께 하는 데이트일 것이다. 너무 많지 않은 몇 명이 같이 해야 안전하다. 그 주된 이유는, 그들에게 미리 계획을 세우게 하고 그들이 "과도한 둘 만의 대화"로 흐르게 하지 않게 하려는 것이다. 정욕의 물결과 낭만적인 순간에, 그들은 진정이 아닌 조숙한 사랑의 언급이나 행위를 하기가 쉽다. 다른 한 쌍과 함께 있는 것이 그것을 완전히 제거할 수는 없지만, 그러한 가능성을 상당히 배제시켜 준다.

때때로 넷이 함께 데이트를 하기가 어렵다는 것을 우리는 인정한다. 그래서 우리의 고집스러운 규칙에 대한 보상으로 합법적일 때에는 아들에게 자동차를 쓸 수 있게 해준다. 그가 진정으로 원한다면, 보통 차를 가지고 함께 데이트를 할 수 있는 친구를 발견하기란 그리 어렵지 않다.

6. 절대 주차 금지

"시가를 내려다볼 수 있는" 전망이 좋은 산 같은 곳은 연인들이 잘가는 장소이지만, 그런 곳은 청년의 유혹을 피하기에는 그리 좋은 곳이 못된다. 이 시기에 이성의 몸이 닿는다는 것은 흥분시키고 자극하는 위험한 것이다. 우리는 데이트란 즐거움을 위한 것이며 사교적인 교제이지, 자제력을 시험하기 위한 교제는 아니라고 믿는다.

우리 아이 하나가 우리를 이렇게 떠보았다.

"아버지, 아버지는 우리를 믿지 않는다는 느낌이 드는데요."

그 말에 그는 이렇게 대답했다.

"네 말이 맞다. 나는 너도, 나 자신도, 그 어떤 사람도 육체의 기회를 줄 때는 믿지 않는다."

당신은 이런 질문을 할지 모르겠다.

놀랄 만큼 거칠고도 민감한 시기 / 155

"당신의 자녀들은 데이트하면서 결코 차를 세워 놓은 적이 없었나요?"

우리는 그들이 한번도 그렇게 하지 않았다고 믿을 만큼 순진하지는 않다. 그러나 그들이 분명히 그랬다면 그것은 우리 규칙에 어긋나는 것임을 그들이 분명히 이해하기를 우리는 원하는 것이다.

한 소녀가 이렇게 말했다.

"내가 남자와 데이트를 하는 동안 차를 세우려는 유혹을 받을 때마다 나는 언제나 아버지가 뒷좌석에서 불쑥 일어날까봐 두려워했어요."

7. 부당한 애정 표현을 공공연히 하는 것은 안 된다

사랑은 십대에게나 어른에게나 아름다운 것이지만, 선정적인 애정 표현을 공공연히 하는 것은 개인의 신앙에도 해롭고 남에게도 도덕적인 방종으로 보이는 것이다. 성경은 우리에게 "악은 그 모양이라도 버리라"고 가르친다. 그리스도인 사회에서는, 분명히 서로 사랑하지만 공중 앞에서 서로를 많이 표현하지 않을 만큼의 자부심을 가진 십대들에게 찬사를 보낸다. 합당한 데이트는 젊은 이의 신앙이나 영적 성장을 저하시키지 않아야 한다. 게다가 지금의 공개적인 애정 표현은 나중에 그 사람에 대한 관심이 사라졌을 때 당황하게 만든다.

8. 소녀의 통행금지 시간은 8시 30분, 소년은 9시 (인정받은 예외는 있다)

우리가 잘 아는 사람이 보호자 노릇을 할 경우에는 9시가 넘도록 있을 수 있지만, 소녀들은 8시 30분까지 소년들은 9시까지 집에 돌아올 것을 우리는 기대한다(소녀를 집에 데려다 주고 그 소년도 통행금지 시간 전에 집에 돌아가려면 그만큼 걸린다). 그렇게 이른 통행금지 시간은, 처음에는 일반적으로 저항을 받지만 아마 대부분의 부모들은 그보다 더 일찍 정했을 것이다. 8시 30분 이후에는 건전한 활동이 거의 없기 때문이다. 그 시간이면 충분하므로 십대 청소년들은 그 시간까지는 집에 돌아와야 한다고 우리는 생각한다. 대부분의 부모들은 좀더 너그럽다는 것을 인정한다. 내 딸 아이가 한번은 눈물을 흘리며 비탄에 잠겨 말했다.

"아빠, 우리 교회에서 8시 30분까지 집에 와야 하는 아이는 나 하나 뿐이에요."

아빠는 사랑스럽게 그 애에게 재확인시켜 주었다.

"다른 부모들이 그렇게 할지라도 나는 어쩔 수가 없구나."

우리 아들이 결혼한 뒤 한번은 이렇게 말했다.

"우리 가족의 데이트 규칙 가운데 가장 당황하게 했던 것은 나와 데이트했던 소녀들이 모두 나보다 통행금지 시간이 더 늦다는 것이었어요."

한 소녀가 그에게 물었다고 한다.

"라리, 왜 나를 8시 30분까지 집에 데려다 주지요? 나는 9시 30분까지는 갈 필요가 없는데."

당황하기도 했었고 문제도 있었는데도 불구하고 그들은 이제 성장했고 우리는 아무런 후회가 없다. 사실 통행금지 시간 때문에 종종 짜증을 냈던 우리 딸 아이도 자기 딸이 태어난 지 넉달만에 이렇게 말했다.

"그 데이트 규칙을 기억하세요? 우리는 제니가 데이트를 할 나이가 되면 똑 같은 규칙을 사용하기로 계획하고 있어요!" (부모가 되면 인생이 다르게 보인다.)

어떤 부모에게는 통행금지 시간을 어떻게 하면 강행할 수 있는가가 문제일 것이다. 당신이 통행금지 시간을 몇 시로 정하든지 자녀들은 보통 너무 이르다고 생각하고 무시할 것이다. 우리는 그 문제를 단순히, 그들이 집에 늦게 올 때마다 그 다음 데이트 시간은 15분씩 더 짧아진다는 것을 지적해 줌으로써 해결했다. 한 학생이 우리 딸과 데이트를 하고 아주 늦게 데려다 주었기 때문에 그 다음 데이트 시간은 겨우 1시간 30분밖에 안 되었다. 사실 그들은 제 시간에 집에 오기 위해 미니 골프를 일곱째 구멍에서 그만두어야 했다. 그러나 그 이후 4년 동안의 데이트 기간 중에서 그들은 단 한번밖에 늦지 않았다.

젊은이들은 당신이 당신의 말을 지킨다는 사실을 알고자 하며, 그렇기 때문에 그들은 당신의 규칙을 시험해 볼 것이다. 반드시 그들의 시험에 넘어가지 말라.

많은 부모들은 우리의 지침이 너무 엄격하다고 생각하고 "그 지침들을 손질하기로" 결정할 것이다. 부모들은 너무나 자주 이렇게 생각한다.

"나는 나의 자녀들을 믿을 수 있어."

그래서 그들은 자녀들에게 훨씬 더 많은 재량권을 허용한다. 물론 그것이 아주 잘될 수도 있다는 것은 인정하는 바이나, 우리는 너무나 많은 경우에 어린 시절의 훌륭한 교육이 십대에서 너무 많은 자유를 주었기 때문에 망쳐지는 것을 보아 왔다. 그러한 부모들은 십대들이 서로에게 받는 영향이 얼마나 크며 모든 일반 청소년들에게 밀려드는 자유주의 물결이 얼마나 큰가를 잊고 있는 것이다.

그들이 가장 대처할 수 없을 때 갖게 된 새롭고 흥분할 만한 욕망이 어린 시절에 받은 자제력의 훈련을 능가해 버린다는 것은 비극이다. 일생 중 그때가 감정적으로 가장 불안한 시기다. 지력이나 의지력보다는 감정을 기준으로 결정을 내리기가 아주 쉬운 때이다.

어떤 이는 이렇게 말했다.

"감정과 의지가 싸울 때는 감정이 늘 이긴다."

감정적으로 내린 결정은 언제나 잘못되기가 쉽기 때문에 그것은 위험하다. 감정과 지력이 일치될 때에만 어떤 일을 추진할 수 있다는 것을 배우려면 누구나 상당히 성숙해 있어야 한다. 그리고 그 때에도 지력은 하나님의 말씀으로 인도함을 받아야 한다.

솔로몬은 이렇게 말했다.

"지혜로운 아들은 아비로 기쁘게 하거니와 미련한 아들은 어미의 근심이니라"(잠 10 : 1).

그것은 딸에게도 역시 마찬가지다.

남의 규칙 존중하기

어쩌면 당신은 당신의 딸이나 아들이 데이트하고 있는 상대의 부모가 제시한 규칙에 동의하지 않을지도 모르겠다. 그러나 당신이 만약 그러한 규칙을 세울 수 있는 그들의 권리를 존중할 수 없다면, 당신의 자녀에게 다른 사람과 데이트를 하도록 권유하는 편이 더 낫다. 우리에게는 아주 다행하게도, 우리 맏딸이 지금은 남편이 된 청년과 데이트할 때 그 청년의 부모는 우리 규칙에 반대하도록 격려한 적이 없었다. 그 대신 그들은 아들에게 그러한 규칙을 세운 우리의 권리를 존중해야 한다고 확인시켜 주었다. 그 둘이 결혼했을 때 결혼은 또한 두 가족을 연합시켜 주었다. 지금 그 두 젊은이는 고등학생들에게 놀라운 사역을 하고 있다. 또한 이와 같이 유혹이 많은 시대에 그리스도인 젊은이들이 어떻게 훌륭한 본보기를 보이는가를 제시하고 있다.

너무 많고 너무 늦다

세미나에서 십대의 자녀를 둔 많은 부모들이 우리에게 묻는다. "자녀들이 이미 데이트를 하고 있는데 당신은 어떻게 그러한 규칙들을 세웁니까?"

우리는 "아주 서서히!"라고 대답한다. 그렇지만 우리는 틀림없이 그렇게 한다.

기도하는 마음으로 어떤 규칙을 세울 것인가를 결정하고 나서, 당신의 딸이나 아들과 앉아 겸손하게 부모로서의 당신의 책임을 등한히 해왔다는 사실을 인정하고 그와 가족의 안녕을 위해 데이트에 대한 새로운 지침을 세우려 한다고 설명하라. 폭발적인 반응에 대해서 놀라지 말라. 소요가 그칠 때, 당신은 십대 자녀가 그의 생애에 가장 큰 결정을 하는 데에 지침이 될 프로그램을 세우게 될 것이다.

우리가 텍사스주 휴스턴에서 두번째 가정생활 세미나를 계획했을 때 한 사람이 의장직을 자원해서 맡았다. 그는 그 도시에서 성공적인 사업가였고 교회에서도 아주 활동적이었다. 우리가 다시 가는 것에 대해 왜 그렇게 열정적인가를 물었더니, 그는 그의 다섯 아들이 그가 택한 조건에 따라서 데이트를 하고 있을 때 우리의 첫번째 세미나에 참석했었다고 말했다. 그는 우리의 지침을 듣고 집에 가서 그와 비슷한 절차를 밟았다. 비록 처음에는 어려웠지만 그 결정은 그의 아들들을 크게 변화시켰고 따라서 그들의 가정 분위기가 달라졌다고 한다. 그는 휴스턴에 있는 다른 가정들에게도 같은 축복을 나눌 기회를 주고 싶었던 것이다.

졸업 후

십대의 자녀 교육에서 가장 큰 마지막 단계는 그들이 고등학교 졸업반일 때다. 그 시기에 그들은 인생에서 가장 큰 결정을 하지 않으면 안 된다.

대학에 진학할 것인가 혹은 기술을 배워야 할 것인가? 어느 학교 혹은 어느 직장으로 가야 할까? 그러한 질문에 대한 대답은 궁극적으로 그들의 일생의 생업이 무엇이 될 것인가 하는 결정이 될 것이다.

그들은 누구와 결혼할 것인가? 그들은 어디에서 일하고 살 것인가? 그리고 그들은 어느 교회에 다닐 것인가? 당신이 아는 바와 같이 이런 것은 중요한 결정으로서 그들의 생의 진로를 판가름하기 쉽다. 그러한 결정에 자기 부모를 상담자로 모실 수 있는 십대들은 정말 행복하다.

잠언을 쓴 현인은 "의논이 없으면 경영이 파하고 모사가 많으면 경영이 성립하느니라"(잠 15 : 22)고 말했다.

자기 부모만큼 마음속으로 졸업생의 최대의 행복을 바라는 사람은 아무도 없다. 그러니 그의 상담자로 부모보다 더 훌륭한 자격을 갖춘 사람이 누구겠는가? 그러나 이 단계에서 자발적으로 받아들여지지 않으면 전혀 받아들여지지 않을 것이다. 당신이 만약 그때까지 당신과 자녀 사이에 부모 상담자로서의 관계를 세워 놓지 않았다면, 그처럼 중요한 시기에 그러한 관계를 세우기란 매우 어렵다. 그러나 당신은 적어도 당신의 제안을 제시할 수는 있다.

일반적으로 말해서(그것은 언제나 위험한 말이다), 기독교 사회에서는 그리스도인 젊은이들이 주님을 위해 일할 잠재력을 증가시키려는 수단으로 대학에 갈 것을 권유하고 있다. 그러나 제2차

세계 대전 후 지배해 왔던 "고등학교 졸업 후 대학"이라는 낭만은 종말에 이르고 있다. 직업적으로는 아주 건설적이고 도전적인 천직으로서 봉급도 좋은 많은 직장이 젊은이들에게 열려 있다. 한 때는 자기의 기질과 기호에 따라 가장 좋은 직업을 얻기 위해서는 반드시 대학을 졸업해야만 했으나 오늘날은 반드시 그렇지는 않다. 그러나 학문적인 교육은 젊은이에게 장래에 그리스도인의 봉사 부분에 좀더 큰 융통성을 준다.

오늘날 세속적인 대학 교육의 위험 중 하나는 전교육 제도가 주로 반하나님, 반도덕의 무신론적이고 인본주의적인 철학에 사로잡혀 있다는 것이다. 그러한 제도는 학생 대다수에게 근본적인 영향을 미치는 것 같다.

그리스도인 부모로서, 5년 동안의 크리스천 헤리티지대학(Christian Heritage College)의 교무처장으로서의 나의 관점으로는, 모든 그리스도인 청년은 가능한 한 세속적인 대학은 피하고 하나님께서 기독교 대학의 경험을 그들에게 제공해 주실 것을 믿어야 한다고 확신한다.

기독교 대학이나 성경 학교에서 그들은 자신의 궁극적인 직업이 무엇이 되든지, 내일의 영적 지도자가 되기 위한 가장 훌륭한 교육을 받을 수 있다. 그러한 학교에서는 그들의 직업적인 잠재력을 평가하고 그들의 생애에 대한 하나님의 뜻을 찾고 인생의 그 시점에서 같은 결정을 해야 할 다른 그리스도인들과 사귈 수 있는 분위기를 제공해 준다. 기독교 대학 교수들은 청년들에게 영적인 영향을 미치는 한편 세속적인 대학 교수들은 정반대의 영향을 준다.

그들이 감정적으로 가장 불타기 쉬운 절정기에서 그 기독교적인 분위기는 가치있는 동료들로 싸여 있게 해준다. 세속적인 대학에서 수학이나 법률이나 과학이나 기타 다른 분야를 전공하려는 학생은,

먼저 기독교 대학이나 성경 학교에서 1, 2년 정도 공부해서 그들이 결국은 부딪히게 될 반기독교적인 철학과 분위기에 대처할 준비를 해야 한다. 그러한 대학에 다니는 동안 훌륭한 그리스도인 청년들이 점점 타락하거나 영적인 것에 대한 흥미를 잃어버리는 것을 우리는 보아 왔다. 많은 학생들이 구원받지 못한 대학 동창생과 결혼해서 그들의 생을 위한 하나님의 최선을 놓치고 만다.

우리는 그리스도인 부모들이 이렇게 말하는 것을 들어 왔다. "우리는 우리 아이들을 기독교 대학에 보낼 여유가 없어요. 주립 대학에 보내야겠어요. 거기가 더 싼 걸요!"

그것은 실제로 그들에게 가장 값비싼 대가를 지불하게 만든다.

그리스도인이 자녀를 갖는 진정한 목적은, 그들이 주님을 섬기는 어른이 되게 하려는 것이다. 그렇게 하려면 그들은 "진리의 말씀을 옳게 분변하며 부끄러울 것이 없는 일꾼으로 인정된 자"(딤후 2 : 15)가 되기 위해 성경을 공부해야 한다. 그것은 하나님께서 모든 젊은이가 선교사나 목사가 되기를 원하신다는 뜻이 아니다. 그들은 나머지 생애 동안 주일학교 교사, 교회 지도자, 제직, 청년 지도자 등이 되도록 가르침을 받아야 한다는 뜻이다.

우리의 가장 친한 친구 중 한 사람은 건축 청부업자인데 그는 견습공이 되기 전에 성경학교에서 3년간 교육을 받았다. 그 뒤 30년 동안 그는 교회 안에서 모든 제직회를 열었고, 주일 학교에서 가르쳤으며, 많은 사람들을 그리스도께로 인도했다. 그 사람의 부모는 그가 3년 동안 성경학교에서 배운 것이 아주 훌륭한 투자가 되었다고 생각한다.

9
올바른 자녀로 가르치는 훈련

나는 결혼한 내 아들과 함께 신생아실을 들여다보고 서 있었다. 며느리가 조금 전 조그마한 어린 사내아이를 낳은 것이다. 우리는 몇 분 동안 말없이 그 조그마한 어린 생명체를 보면서 경외감 가운데 서 있었는데 드디어 라리가 입을 열었다.

"어머니, 이 어린 아들에게 마땅히 행할 길을 가르치는 것이 나의 책임이군요. 자녀를 기른다는 것은 참으로 무슨 뜻일까요?"

그가 너무나 심오한 질문을 해서 나는 적합한 대답을 찾아보기로 결정했다.

연구를 시작하면서 나는 자녀 교육에 대한 진부한 문장들에 별로 격려를 받지 못했다. 저자마다 다른 배경과 가치관에 따라, 대소변 가리기 훈련부터 자동차 운전 기술에 이르는 모든 것에 대한 가르침을 찾아내었다. 그러나 그것은 내가 찾고 있는 것이 아니었다. 나는 "가르친다"는 것이 참으로 무슨 뜻인가를 알고 싶었다. 하나님께서는 거기에 대해서 무엇이라고 하셨을까?

잠언 22:6에서 "마땅히 행할 길을 아이에게 가르치라 그리하면 늙어도 그것을 떠나지 아니하리라"고 한 것은 무슨 뜻일까?

과거에 들은 설교와 주석에 의하면 만약 내가 자녀에게 교회

출석을 가르치고 내가 가정에서 훌륭한 본보기를 보인다면, 그가 잠시 교회를 떠날지라도 늙으면 어릴 때의 가르침으로 돌아올 거라는 것이었다. 그것은 내 마음속에 고통을 남겼고 그리 격려가 되지 못했다. 그것은 마치 우리가 어느 기간 동안 우리 자녀가 제멋대로 할 때, 믿음에서 떠날 것을 기대한다는 것처럼 들렸다. 그런 일은 없기를!

하나님께서 의도하시는 바를 알 수 있는 가장 좋은 방법은 하나님의 말씀을 공부하는 것이다. 몇 가지 다른 번역판과 주석들을 찾아보았더니, 그 구절은 완전히 새로운 의미를 가지고 있었다. 나는 내가 알게 된 사실에 너무나 흥분해서, 지체없이 내 아들과 또 나처럼 찾고 있을 모든 분들과 그것을 나눌 수밖에 없었다.

히브리 원어는 그 구절에 새로운 빛을 던져 주었는데, 그것이 무겁거나 학구적으로 들릴지도 모르지만 내 나름대로의 단순한 방법으로 그 개념들을 나누어 보았다.

잠언 22 : 6

1. "가르치라"(Train Up)

이것의 히브리 원어는 입 안—잇몸, 구개, 혹은 입천장—과 관련되어 있으며 길들여지지 않은 말(馬)의 입 속에 재갈이나 말굴레를 사용하는 것을 가리킨다. 그것은 야생마를 순종케 하는 데에 사용하는 것이다. 야고보서 3 : 3에서 이 재갈 먹이는 것을 좀더 자세히 설명하고 있다.

"우리가 말을 순종케 하려고 그 입에 재갈 먹여 온 몸을 어거하며."

자녀가 부모에게 순종하여 그의 전방향을 돌이키게 하기 위해서는 그를 가르치거나 순종케 할 필요가 있다. 그것은 자녀들을 악하고 이기적인 길에서 예수 그리스도를 순종하며 따라가는 길로 돌이키는 것이다.

2. "자녀"(A Child)
여기서 사용된 히브리 원어로서의 자녀는 성경의 다른 곳에서도 여러 번 사용되고 있다. 그 예를 보면,
- 사무엘상 4 : 21은 방금 태어난 갓난아기를 가리키고 있다.
- 창세기 21 : 14에서는 15살 난 이스마엘을 가리키는 데에 이 단어가 사용되고 있다.
- 창세기 37 : 30에서는 17세 때의 요셉을 가리키는 데에 사용되고 있다.
- 창세기 34 : 5은 결혼할 만한 나이였던 야곱의 딸을 가리키고 있다.
여기서 "자녀"라는 말의 범위는 갓난아기로부터 결혼해서 집을 떠날 때까지가 될 수 있다.

3. "마땅히 행할 길"
이 문구는 문자 그대로 "자기 길을 가게 하다" 혹은 "하나님께서 그를 설계하신 방법에 따르다"라는 뜻이다. 그것은 반드시 부모가 생각하는 그의 행할 길이라는 것이 아니라 그 자신의 길, 혹은 단순히 하나님께서 설계하신 길이라는 뜻이다. 부모는 "그의 길"을 발견하고 그들에 대한 가르침을 거기에 맞추어야 한다.
자녀의 "길"은 창조주에 의해서 주어진 그의 기질을 가리키는 것이 당연하다. 그러므로 하나님의 원칙이라는 골격 안에서 그의 기질에 따라, 혹은 그의 특성에 맞추어서 그를 훈련하라. 우리는 점액질을 가르치는 것과 똑같이 우울질이나 다혈질을 가르칠 수

없다. 그는 하나님께서 그를 설계해 주신 길로 가르쳐야 한다.

4. "늙어도"
여기서 "늙었다"는 말은 60세 혹은 70세를 의미하는 것이 아니다. 이 말은 남자 아이가 얼굴에 수염이 나기 시작할 때, 혹은 그가 성숙해지기 시작하는 나이를 가리킨다.

5. "그것을 떠나지 아니하리라"
이 얼마나 놀라운 약속인가! 하나님께서는, 하나님께서 부모들에게 시키신 대로 그들이 한다면 자녀는 그 부모의 가르침에서 떠나지 않을 것이라고 약속하셨다.

하나님이 약속을 취소하셨을까

어떤 부모들은 그들의 자녀를 잘 가르쳤는데도 자녀들이 반항의 길로 가고 있다고 항의한다. 그것은 하나님께서 약속을 지키시지 않았다고 외치는 것이다. 나는 사랑을 가지고 그리고 기도하는 마음으로 성경의 원칙을 부모들과 나누고 싶다. 그러니까 나의 말을 그렇게 너무 속단하지 말라.

어떤 부모들은 실제로 그렇게 주장할 권리가 없는데도 그들의 자녀들을 올바로 가르쳤다고 절대적으로 믿고 있다. 자녀를 올바로 가르치는 것은 자녀들에게 아주 좋은 본보기를 보이고 자녀들을 주일학교에 보내는 것 이상으로 필요하다. 그것은 자녀를 사랑하고 자녀에게 물질을 공급해 주는 것 이상으로 필요하다.

이 사실을 분명하게 드러내 주는 한 가족이 내 머리에 떠오른다.

그들은 네 명의 단란한 가족이었다. 어머니와 아버지는 서로 매우 사랑했다. 그들은 인내심이 있었고 상냥하게 이야기하였으며 서로에게 친절했다. 그들이 교회에 가지 않는 주일날은 극히 드물었다. 이 훌륭한 사람들은 두 자녀가 그들에게 순종할 것을 역설한 적이 있었다. 그런데 그 자녀들이 부모에게 순종하는 대신 그들 자신의 욕망을 따르는 날이 왔다. 그 두 자녀는 모두 불신자와 결혼했고 지금은 이혼해 버렸다. 그들은 하나님과 동행하지 않았으며 부모는 왜 그런가를 의아하게 생각했다.

우리는 자녀들을 부모에게 순종하도록 가르침으로써 하나님께 순종하도록 해야 한다.

하나님의 요구	하나님의 약속
1. 네 자녀를 복종케 하라. 2. 그에게 순종을 가르치라. 3. 그를 악으로부터 예수 그리스도께로 돌이키라. 4. 하나님께서 지으신 대로 그를 가르치라. 5. 그를 갓난아기 때부터 결혼해서 집을 떠날 때까지 가르치라.	우리가 만약 하나님의 요구를 이룬다면, 우리 자녀가 성숙해졌을 때 우리의 가르침에서 떠나지 않을 것이다.

하나님의 요구 사항 중 하나는 자녀들에게 순종하도록 가르치는 것이다. 그렇게 하지 못했을 때, 우리는 하나님께서 약속을 지키실 것을 기대할 수 없다. 어떤 부모는 자녀를 복종케 하는 것에 실패하며, 어떤 부모는 너무 일찍 가르침을 그만두거나 너무 늦게 시작하기 때문에 실패한다.

부모들은 자신들이 소홀히 해서 시간이 이미 쏜살같이 지나가고 있음을 깨달았을 때 어떻게 할까? 어쩌면 자녀들은 이미 성장했으므로 변화한다는 것은 이제 희망이 없는 것 같을 것이다. 그러나 하나님께는 불가능한 일이 없기 때문에 희망이 있다. 당신의 자녀가 어떤 연령에 있든지 상관없이 다음과 같은 단계를 고려해 보고 하나님께서 그들의 생애를 바꾸어 놓으실 것을 신뢰하라.

1. 당신이 실패한 부분을 인식하고 인정하라. 당신의 어디가 약한지 하나님께 보여 달라고 간구하고, 그 문제를 기꺼이 말해 보라. 즉 교만, 성급함, 묵인, 불일치, 우선권의 순위를 잘못 정함 등등.
2. 그것들을 하나님 앞에 자백하고 하나님의 용서하심을 구하라.
3. 사랑을 가지고 그리고 기도하는 마음으로 당신이 감정을 상하게 한 가족에게 그것을 자백하고, 그들이 용서해 줄 것을 위해 기도하라.
4. 하나님께, 당신의 습관을 바꾸게 해주실 것과 옛것을 고치고 새로운 계획을 개발시켜 주실 것을 간구하라.
5. 성령께서 당신의 생활을 바꾸어 주시리라는 믿음을 가지고, 당신의 자녀들에게 저지른 잘못을 고쳐 주실 것을 신뢰하라.
6. 그 새로운 시점에서 인생을 다시 시작하고 과거의 죄의식 아래 살지 말라.

하나님 아버지께서는 당신이 성공적인 부모가 되기를 당신보다 더 바라고 계시다. 하지만 그것은 당신이 하나님의 원칙들을 따를 때 이뤄진다는 사실을 염두에 두어라.

부모들이여, 당신이 만약 위의 6가지 단계를 진지하게 따랐다면 당신은 머리를 들고 인생과 당신의 자녀를 즐기도록 하라. 하나님께서 변화를 일으키시는 것에 조바심을 내지 말라. 당신의 자녀들을 있는 그대로 사랑하고 하나님께서 그들의 생애 가운데에서 역사하실 것을 참을성 있게 기다리라.

하나님은 완전한 부모를 기대하시지는 않는다

사실 하나님께서는 완전한 부모를 기대하지 않으신다. 그러나 하나님께서는 우리에게 자녀 교육에 대한 몇 가지 기본적인 요구 사항을 세워 놓으셨다. 우리는 여러 면에서 부족하지만 하나님께서는 우리가 자녀들을 순종으로 가르치고 복종케 하실 것을 기대하신다.

순종을 가르친다는 것은 지시하는 것 이상의 것이다. 그것은 지시하고 나서 자녀들이 따를 것을 강조하는 것이다. 종종 우리는 빈번히 자녀들에게 우리가 원하는 것을 하라고 말하지만, 실지로 그것을 하도록 강조하는 일은 소홀히 한다.

어떤 훌륭한 선교사는 20년 동안 일했음에도 지시받은 명령을 수행하지 않았기 때문에 지도권을 넘겨 주고 말았다. 보조자로서 수년간 효율적인 봉사를 하여 그 기관의 장들이 그를 대단히 사랑하고 감탄하며 그가 주님의 일에 크게 공헌했음을 충분히 인식하고 있었지만, 그가 계속해서 지시 사항을 조심스럽게 따르지 않았기 때문에 그를 통제할 수 없다고 생각했던 것이다. 그는 싸우거나 논쟁을 한 것이 아니라 언제나 "자기 멋대로" 일을 처리했다. 어렸을 때 절대적인 순종이 강조되지 않았던 것이다. 그 결과 그는 인생에서의 큰 기회를 놓치고 불필요한 상처가 남을 만한 경험을 해야 했다. 효율적인 교육이란 다음과 같이 단순한 공식으로 축

소시킬 수 있다.

지시＋사랑＋강조＝효율적인 교육

하나하나가 교육에 중요한 성분이며, 우리가 만약 바람직한 결과를 얻으려면 어느 것 하나도 빠트려서는 안 된다. 지시가 주어지고 순종하라는 강조가 따를 때, 만약 사랑이 빠져 있다면 그 결과는 반항으로 나타나기 쉽다. 또한 지시를 따르라는 강조가 없을 때는 지시와 사랑은 별 효과가 없다.

참으로 "완전한" 부모란 없는 것이다. 설사 완전에 이른다 해도 우리의 자녀가 항상 행복하지는 않을 것이다. 당신은 교육의 효율성을 자녀의 행복에 의해서 판단할 수 없다. 당신이 자녀들의 삶이 기쁨에 차도록 하기 위한 헌신적인 노력을 해도, 자녀마다 성장하는 데 필요한 감정적인 고통의 순간을 여러 번 경험할 것이다. 우리는 종종 그들의 감정적인 안녕의 모든 국면을 우리가 전적으로 책임을 져야 한다고 믿고 있다. 행복하지 못한 자녀는 부모로 하여금 죄의식을 느끼게 하고 자책하게 만든다. 그러나 자녀마다 변화를 겪을 때에 기쁨의 절정과 깊은 슬픔이 있으며 그 어느 것도 지속되리라고는 간주할 수 없다.

부모가 되는 데에 있어서 가장 큰 도전은 완전해지는 것이 아니라, 자녀가 언젠가는 자기 인생에 대한 책임을 자신이 지도록 가르치는 데에 있다. 자녀는 완전히 무기력하고, 너무나 무기력해서 가려운 곳도 자기가 긁을 수 없는 상태로 이 세상에 태어난다. 그리고 우리는 부모로서 그 무기력한 갓난아기를 15년 내지 20년의 과정 동안에 완성시키는 책임을 져야 한다. 그 목표를 달성하기 위해 자녀는 인생에 실재하는 감정적인 고통을 스스로 경험하며 신뢰할 만한 어른으로 자랄 수 있어야 한다.

옳고 그름 가르치기

부모는 어떻게 실패할까? 자녀들은 언제 옳고 그름을 아는가? 거짓말, 도둑질, 속임수, 약속을 지키지 않는 것은 "훌륭한" 아이들도 범하는 행동들이다.

하버드 대학(Harvard University)의 사회 교육 심리학 교수인 로렌스 콜베르그 박사(Dr. Lawrence Kohlberg)는, 10살까지의 어린이는 거의 대부분의 어른들이 "순수한" 도덕 판단이라고 간주하는 것을 행할 능력을 갖고 있지 않다고 말한다.

적어도 그 나이까지 어린이의 "도덕관"의 관념은 옳고 그름이 절대적인 개념에서 오는 것이 아니라, 자기에게 어떤 일이 생길 것인가에 대한 자기 감정으로부터 온다. 그는 벌을 받지 않으려고 혹은 자기와 다른 사람들에게 "잘해 줌"으로써 그들도 자기에게 "잘해 주도록" 하기 위해서 규칙에 순종한다.

어린이들은 옳고 그름에 대해서는 잠자는 양심을 가지고 이 세상에 태어났다. 어른들은 빈번히 어린이가 어른처럼 옳고 그름의 차이를 이해한다고 간주하는 잘못을 범한다. 그러나 어린이와 어른은 생각하는 방법이 다르다. 어린 아이에게 문제가 되는 것은 잘못된 행동 뒤에 있는 동기가 아니라 실제로 일어난 일이다.

우리는 자주 자녀들이 저지른 일에 대해서 행동 그 자체 때문이 아니라, 우리가 그 행동 뒤에 숨어 있는 동기를 짐작한 것 때문에 감정적인 반응을 보인다. 어린 아이가 구멍 가게에서 장난감을 하나 훔쳤을 때, 우리는 그를 확실한 도둑으로 간주한다. 어린 녀석이 자기보다 작은 아이를 때렸을 때, 우리는 그를 평생의 폭력배로 본다. 우리는 두려움을 느끼면서 우리 자신을 판단하고 그리고 나서는 부모로서 실패했다고 자신을 꾸짖는다. 우리는 자녀들을 이해할 때 좀더 조용해질 수 있다.

그러면서도 우리는 자녀를 가르치고 도덕적으로 개발할 수 있도록 돕기 위해 노력한다. 어린이가, 하나님께서는 도둑질이나 서로 때리는 것을 인정해 주시지 않는다는 사실을 이해하도록 만드는 것이 중요하다. 그러나 그가 자기의 죄의 성품을 따를 때 당황하지 말라. 그 대신 그 경험을 이용해서 그것이 잘못이며, 그 잘못은 고쳐져야 한다는 사실을 가르쳐야 한다.

그는 자기 죄를 하나님께 자백함으로서 그것을 고쳐야 하며, 그 다음에 자기가 죄를 범한 사람에게 변상해 주어야 한다. 그것은 그가 다시는 그렇게 하지 않는 것이 좋다는 신호를 만들어 줄 것이다. 잘못된 행동은 하나님과 엄마와 아빠, 그리고 최종적으로 그 환경의 피해자를 기쁘게 하지 못하는 것이다.

도덕관을 가르치고 논할 가장 좋은 때는 아이가 칭찬할 만한 일을 했을 때나, 어떤 문제에 대해서 결정을 내리지 못하고 있을 때다. 자녀가 어떤 문제에 대해서 결정을 하도록 하는 것은 아주 유익한 일이다.

예를 들면 메어리는 샐리네 집에 가서 하룻밤을 지내기로 약속했다. 샐리는 굉장한 계획을 세워 놓고 다가올 일에 의기 양양해 있었다. 그런데 메어리는 자기가 더 좋아하는 것을 할 수 있는 더 즐길 수 있는 친구들로부터 다른 초대를 받았다. 메어리는 이제 결정을 하지 않으면 안 된다.

메어리의 부모는 메어리에게 결정할 권리를 주었지만, 그 문제에 있어서 도덕적인 문제를 생각해 보도록 격려해 주었다. 메어리는 올바른 것을 해야 한다는 말을 들었다. 메어리는 다른 사람에게 강요되어 결정을 내려서는 안 되지만, 그가 결정을 하는 데 도움이 될 만한 것이 무엇인가를 생각해야 한다. 그들은 메어리가 누구에게 약속했는가를 논의했다. 메어리의 친구는 메어리가 약속한 것을 이행하리라고 믿고 있는데 메어리가 약속을 지키지 않고 다른 것을 한다면, 그는 그 친구의 마음을 아프게 하는 것이다. 메어리는 만약 친구의 마음을 아프게 한다면 어떤 느낌이 들겠으며, 어떤 사람이 만약 자기와의 약속을 어긴다면 어떻겠느냐는 말을 들었다. 메어리는 결국 자기가 만약 샐리와의 약속을 어긴다면 자기의 마음이 기쁘지 못할 것이라는 결론을 내렸다.

그와 같은 교육 방법을 사용할 때 만약 자녀가 당신이 지적하려는 요점을 파악하지 못한다면, 그 문제를 다시 설명해서 다른 수준으로 접근하도록 해야 한다. 어린 아이들은 자기 견해 외에 다른 견해로는 볼 줄 모르는데, 다른 사람의 입장에 서서 생각할 수 있는 능력은 상반되는 권리가 포함된 문제를 이해하는 데 꼭 필요한 것이다.

공정함의 개념을 강조하는 것이 중요하다. 모든 도덕관은 정당하고 공정한 것이 무엇인가 하는 문제로 귀착한다. 하나님의 행동 기준은 절대적으로 그것과 일치한다. 어린이들은 도덕적인 것을 배우는 기술이 개발됨에 따라 그 의미가 달라지기는 하지만, 아주 일찍부터 공정한 것에 대한 민감성이 개발되어 있다. 부모들은 "내가 하라고 했으니까 해라" 하는 식의 말을 하지 않음으로써 자녀들에게 좀더 나은 태도를 길러 줄 수 있다. 그 대신 참을성있게 당신의 규칙과 그들 자신의 신념과 행동의 이유를 설명해 주는 편이 더 좋다. 권위를 내세우는 말은 다른 모든 변론과 설명이 실패했을 때 마지막 수단으로만 사용되어야 한다.

가치관을 세우는 과정을 가르치는 방법이 몇 가지 있다. 그중 한 가지 기술은 "가치관의 설명"이라고 부른다. 이 방법은 마치 게임을 하는 것과 흡사하기 때문에 인기가 있다. 그것은 저녁 식탁에 둘러앉아서, 혹은 자동차 안에서, 난로가에 둘러앉아서, 그 외에 가족들이 모여 있는 어느 곳에서나 할 수 있다. 간단히 모든 사람에게 다음과 같은 질문을 한다.

"이번 주에 하나님께서 기뻐하신다고 생각되는 어떤 말이나 행동을 했나요?"

한 아이는 운동장에서 다른 친구들이 모두 놀려 대는 새로 온 학생 편을 들었다고 말했다. 어머니는 오랫동안 일해 오던 가정일을 하나 끝마쳤다고 말했다. 아버지는 사무실 앞에서 한 사람을 만났는데 그가 계속해서 주님의 이름을 망령되이 일컫는다는 사실을 지적했다고 하였다. 딴 아이는 친구에게 어떻게 예수님을 마음속에 영접하는가를 말했다고 했다.

각 사람의 대답에서 가치를 분류하는 것 — 친구에게 충실하고 많은 사람들의 반대편에 설 수 있는 용기, 목표를 계속 추진시키고 자기 시간에 가장 중요한 것의 우선권을 작성하는 것, 자기의 영적 확신을 위해 꿋꿋이 서는 것, 계속 입을 다물고 있지 않고 생활을 바꾸어 주는 경험을 친구와 나누는 것 — 으로 대화는 이어진다.

어떤 상황을 어떻게 다루겠는가, 혹은 문제가 있는 사람을 어떻게 돕겠는가 하는 질문을 할 수 있다. 그러한 토론은 각사람으로부터 가치관을 끌어낼 뿐만 아니라, 자녀들에게 당신은 그들의 견해도 어른들의 견해와 마찬가지로 존중한다는 것을 깨닫게 해준다.

가정 안에서 각자의 존엄성이 존중되며 모든 사람의 말을 청종하고 중요시하는 분위기가 조성되어야 한다.

건방지게 굴지 말라

어떤 어머니는 자기 딸이 첫애를 낳았을 때 "건방지게 굴지 말라!"고 충고했다. 그것은 아주 간단하고 소박한 철학이지만 그 부부는 지금 아름답게 양육되었으며 부모에게 기쁨을 주는 6명의 자녀를 두고 있다.

그 어머니는 자기 아이들에게 건방지거나 존경하지 않는 태도를 결코 허용하지 않음으로써 존경하는 것을 가르쳤고, 교정과 훈련에 사랑을 엮어 아이들을 길렀다. 건방진 아이는 권위를 무시할 것이며 복종하는 정신을 갖지 않을 것이다. 그런데 그 두 가지가 다 순종에 필수적인 것이다.

부모들은 첫 아이에 대해서 아주 큰 감정적인 충격을 겪게 된다. 그들은 하나님으로부터의 소중한 선물을 병원에서 집으로 데려온다. 아기는 요람에 누운 채 마치 천사의 품에서 이 땅에 내려온 것처럼 보인다. 얼마나 아름다운 모습인지!

그런데 9개월 혹은 10개월이 지나자 하나님으로부터 온 천사같은 이 선물은 갑자기 장미꽃 봉오리같은 작은 입술을 벌려 부모의 사랑이 넘치는 요청에 "아니"라는 말을 분명히 내뱉는 능력을 갖게 된다. 얼마나 충격적인 일인가!

나는 젊은 어머니들이, 그 작은 아기가 자기 마음대로 하고 싶을 때 몸을 뻗대면서 "아니야"를 강조하는 것을 보고 마음이 상해 우는 것을 보았다.

그것은 아이가 갈 방향을 결정하게 될, 그로부터 수년간의 훈련의 시작이다. 당신이 그의 입을 주관하기 시작할 때, 당신은 그의 몸 전체도 역시 지도하기 시작할 것이다.

이제 사회는 바야흐로 자기 부모나 다른 권위에 대해서 존경하지 않는 태도로 행동하는 것을 허용하는 묵인주의 가운데에서 자라난 자녀들의 세대가 되었다.

　우리가 재갈 먹이지 않은 혀를 가진 세대가 가져 오는 결과를 우리가 거두고 있다는 사실에 이상할 것이 있겠는가? 자기 부모를 무시하고 주먹을 드는 것을 고쳐 주지 않고 묵인된 어린 아이는 아마 예수 그리스도를 향해 머리를 들고 "사랑하시는 주님, 당신은 제가 무엇하기를 원하시나이까?"라고 결코 묻지 않을 것이다. 야고보가 말한 바와 같이 우리는 아이의 입에 재갈을 먹여서 우리에게 순종케 하고 그의 몸 전부를 지도해야 한다. 참으로 입은 마음속에 있는 것을 드러낸다.

　"마음에 가득한 것을 입으로 말함이라"(마 12 : 34).
　"입에서 나오는 것들은 마음에서 나오나니 이것이야말로 사람을 더럽게 하느니라"(마 15 : 18).
　마음과 입은 아주 가까이 연결되어 있으므로, 순종을 가르치고 몸 전체를 훈련시키기 위해서는 입을 지배해야 한다.

자녀를 불쾌한 아이로 만들고 있는가

　많은 아빠와 엄마들이 자녀를 불쾌한 존재로 만들고 있다.
　좋은 의도를 가진 부모들은 그 사실을 인식하지 못하고 있겠지만, 부모가 자녀에게 주는 관심과 칭찬과 애정은 그 바람직하지 못한 특성을 가르치는 강력한 도구인 것이다. 자녀의 행동이 부모로부터 부정적인 반응을 일으킬 때 그것은 대부분 반복되기가 쉽다.
　예를 들면, 어떤 아이가 보통 말하는 목소리로 어떤 것을 요청

했는데 어머니가 해주지 않는다. 어머니는 친구와 이야기하느라고 바쁘다. 아이의 목소리는 점점 커지고 날카로워지고 점점 조르는 투가 된다. 드디어 어머니가 주의를 기울인다. 부지 중에 그 어머니는 자녀에게 목소리가 크면 클수록, 그가 조르면 조를수록 자기가 원하는 바를 더 쉽게 얻을 수 있다고 가르쳤던 것이다. 그 어머니는 자녀를 불쾌한 아이가 되도록 가르치는 완전한 공식을 따른 것이다.

한번은 어떤 아버지가 식사 시간 중에 딸 아이가 조용히 질문을 했을 때 그것을 무시했다. 아이가 다시 질문을 계속하는 동안 부모는 먹는 것과 다른 대화에 열중해 있었다. 결국 아이는 필사적으로 칭얼거리며 불쾌한 태도를 취하기 시작했다. 그제서야 딸 아이는 아버지의 예민한 반응과 함께 집중적인 주의를 끌 수 있었다.

부모들은 자기가 자녀에게 어떤 종류의 태도를 강화시키고 있는가를 인식해야 한다. 부모들은 그들의 계속적인, 혹은 부주의한 반응으로 말미암아 자녀들의 좋고 나쁜 태도를 만드는 데 강력한 영향을 끼치고 있는 것이다.

자녀들은 "안돼"라는 말을 들을 권리가 있다

아이들은 요구하는 모든 것을 다 원하지는 않는다. 많은 경우에 그들은 당신의 도움을 요청하고 있으며, 당신이 "안돼"라고 말할 것을 기대하고 있다.

한 어린 소녀가 학교에서 돌아오자 자기 반에 새로운 학생이 왔다고 말했다.

"그 애는 정말 깨끗하던데요. 그 애 이름은 바바라예요. 그 애가 금요일 밤에 자기 집에 가서 함께 잘 수 있느냐고 묻던데. 아마 우리는 제일 친한 친구가 될지도 몰라요. 가도 돼요, 엄마?"

어머니는 신문을 보다가 힐끗 쳐다보면서 말했다.

"그래, 가려무나."

그 어린 소녀는 한대 얻어맞은 것처럼 쳐다보았다.

"가도 돼요?"

"그렇다니까. 머리 빗과 칫솔을 잊지 말고 가져 가거라."

"그렇지만 엄마."

어린 소녀는 당황해 하면서 말했다.

"나는 그 애를 잘 알지도 못하고 그 집에서 잠자기도 정말 원치 않아요. 아주 불편할 거예요."

어머니는 거칠게 대답했다.

"새로 온 아이네 집에 가서 잠자기를 원치 않는다고? 아니 그렇다면 세상에 무엇 때문에 엄마에게 가도 되느냐고 물었어?"

"바바라가 오라고 했으니까요. 나는 물어 보겠다고 대답해야만 했어요. 그렇지만 나는 엄마가 '안돼'라고 하실 줄 알았어요. 그 애는 정말로 엄마가 좋아할 만한 애가 아니에요."

부모들은 많은 경우 테스트를 당하면서 부족함이 발견된다.

자녀들은 부모를 꾀고 조르며 지치게 해서 그 마음을 바꾸어 보려고 애를 쓰지만, 엄마 아빠가 원래의 결정대로 밀고 나가려고 들지 않을 때는 내심으로 정말 실망하게 된다. 가장 흔하게 들을 수 있는 말이 있다.

"나 말고 다른 사람은 다 하는 걸. 할 수 없는 사람은 나밖에 없어."

그러한 주장은 부모로 하여금 시대에 뒤떨어졌다는 느낌을 받게 하기 위해서 사실을 과장해서 하는 말이다. 거기에 대한 가장 좋은 대답은,

"다른 아이들이 허락을 받은 것은 상관할 바 없어. 그 애들의 부모는 그들에 대한 책임이 있고 나는 너에 대한 책임이 있단다. 하나님께서는 너를 내게 주셔서 돌보게 하신 거야. 한번 '안 된다'면 안 되는 거야."

아이들은

"이것이 경계선이다. 여기까지만 나가고 더 이상은 안 된다"라고 분명히 말해 주는 구체적인 제한을 원한다. 모든 아이들은 훈련이 특별한 종류의 사랑임을 날카롭게 인식하고 있다. 부모들은 그들에게 이렇게 말한다.

"나는 너에게 특별히 권고한다. 나는 네가 어려움에 빠지지 않게 하겠다. 나의 판단력은 너보다 낫고 너는 나를 신뢰할 수 있어. 나는 그 길로 가 보아서 잘 알고 있단다. 너는 고함을 치고 야단하며 나를 '구식'이라고 부르고 늙은 고집쟁이라고 주장하지만 대답은 여전히 '안돼'야. 그것은 최종적인 것이다."

당신의 자녀는 당신이 어떤 문제에 대해서 단단한 확신을 가지고 있으며 테스트를 당해도 흔들리지 않는다는 것을 깨달을 때, 안정감과 자부심을 갖게 될 것이다. 당신이 그의 안녕을 위해 세워놓은 지침이나 울타리 안에서 그가 자유롭게 움직이도록 허용하라. 그러한 지침을 가지고 있지 않은 아이는 틀림없이 빈약한 자화상과 불안정감 때문에 고통을 당하는 사람이 될 것이다. 그에게는 누군가 올바른 방향으로 성장하도록 하기 위한 몇 가지 구체적인 규칙을 줄 만큼 그를 돌보아 준다는 확신이 필요하다.

부모들이여, 당신에게 지각력이 있어서 자녀들에게 "안돼"라고 말하는 용기를 가짐으로써, 그들에게 호의를 베풀도록 하나님께서

도와주시기를 바란다.

남의 권리 존중하기

성숙을 향한 거보는 남의 권리를 존중하는 것을 배우는 것이다. 어린이가 개인 재산이든 시간이든 남에게 속한 것을 존중하는 법을 배울 때, 그는 잘 적응하고 잘 받아들여지는 인간이 되는 귀중한 교훈을 배우는 것이다. 어쩌면 그것의 가장 빠른 시작은 어린이가 자기 말할 차례를 기다리고, 머리 속에 떠오른 생각 때문에 남의 말하는 것을 방해하지 않도록 가르치는 것이리라.

우리가 어떤 가정에 초대를 받았을 때, 그 가정에는 어린 아이들이 있었다. 그 애들은 어른들과 같이 식탁에 앉아서 한 가지를 제외하고는 훌륭하게 행동했다. 그들은 갑자기 영감이 떠오르면 누가 이야기를 하고 있든지 즉시 방해하면서 모든 사람에게 자기 말을 들으라고 요구했다. 대여섯 번쯤 방해하는 것은 아무도 반대하지 않을 것이다. 그러나 영감이 점점 더 빨리 생기는 것 같았고, 식탁에 앉은 우리 네 명은 거의 한마디 말도 다 끝내지 못하고 있음을 나는 깨달았다.

어머니는 그저 자기 애들은 머리가 빨리 돌아간다고 말할 뿐이었다. 그들은 머리보다 혀가 더 빠른 것 같았다. 나는 그 가족에게 문제가 있다고 서슴지 않고 말할 수 있다. 그 아이들은 식탁에서 다른 사람의 권리를 존중하지 않았으며, 그것을 빨리 가르치지 않는다면 결코 존경받지 못할 것이다.

그와는 대조적으로, 우리가 딸 아이네 집을 방문했을 때 그는 아름다운 본보기를 보여 주었다. 그의 세 살짜리 어린 아이가 아주 급하게 하고 싶은 말이 있는 것 같은데 마침 누군가가 이야기를 하는 도중이었다. 내 딸은 몸을 기울여서 그 애에게 다음은 그 아이 차례라고 소근소근 말해 주었다. 그 아이는 기다렸지만 그리 참을성 있게는 아니었다. 그러나 그 애는 그 순간 누군가가 이야기할 권리가 있다는 것을 배우고 있었다. 그 아이 차례가 되자 전문가처럼 벌떡 일어나서 모두가 귀를 기울여 주는 동안 자기 이야기를 했다. 그러더니 그 애는 빙 둘러보면서 "이번엔 누구 차례예요?" 하고 말했다. 그 애는 그날 귀중한 교훈을 배운 것이다. 우리 모두는 어렸을 때 그러한 교훈을 받았으면 좋았을 걸 하는 생각이 드는 어른들을 많이 알고 있지 않은가?

부모의 권위의 중요성

부모의 애정 어린 지도에 순복하는 것을 배운 자녀는 어느 날 그가 좀더 자라서 부딪치게 될 다른 형태의 권위에도 순복할 것이다. 지도에 대한 존경의 부족은 반항과 혼동을 자아낸다. 그러나 자녀가 자기 부모의 사랑이 넘치는 권위에 순복하여 얻는 가장 중요한 것은 하나님 아버지의 사랑 많으신 지도에 굴복하는 것을 배우는 것이다.

우리가 좋든 싫든 어린 아이들은 자기 부모를 하나님과 관련시킨다. 그는 이 땅의 아버지를 보는 것과 똑같이 하나님을 본다.

많은 자녀들이 하나님에 대한 왜곡된 형상을 가지고 있는 것이 이상한 일일까?

부모의 생활은 권위와 무한한 사랑을 둘 다 반영시켜 하나님의 신성한 성품을 잘 나타내야 한다. 자녀들은 그들에 대한 부모의 사랑을 통해서 하나님의 부드러운 자비를 배울 것이다. 그러나 우리 하나님 아버지는 또한 신성한 권위의 하나님이시기도 하다. 사랑은 있지만 권위를 가지지 않고 하나님을 나타낸다는 것은, 하나님을 사랑이 없이 절대적인 권위만 가진 모습으로 잘못 나타내는 것과 같이 심각한 잘못이다.

그러므로 자기 부모의 권위를 존중하지 않고 부모의 가르침에 건방지게 불순종하도록 허용되어 온 자녀는, 하나님의 권위에 쉽사리 순복할 것으로 기대하기가 어렵다. 자녀의 첫 순복은 자기 부모의 권위에 굴복하는 것이며, 다음은 교사와 경찰관과 고용주에 대한 굴복이고, 최종적으로는 주님의 장엄한 권위에 굴복하는 것이다.

보는 대로 배운다

당신이 말하거나 가르치려고 하는 것보다 더 중요한 것은 당신이 어떻게 사는가 하는 것이다. 자녀들은 당신이 하는 것을 보고 흉내냄으로써 가장 잘 배운다.

달라스 신학대학(Dallas Theological Seminary) 교수인 하워드 헨드릭스 박사(Dr. Howard Hendricks)는 가정생활에 대한 그의 강좌에서, 당신은 알지 못하는 것을 전달할 수 없다고 말했다.

당신은 자신이 경험하지 못한 것을 자녀에게 가르쳐 줄 수 없다. 부모에게는 영적인 것에 대한 자녀의 욕망을 개발시키기 전에 먼저 그리스도와 자신과의 영적인 경험이 필요하며, 그리고 나서는 주님 안에서 계속 성장하기 위한 계획이 필요하다.

기독교 가정의 가장 큰 약점은 부모가 자녀들에게 그들 스스로 사는 것과는 반대되는 원리를 자녀들에게 가르치려고 하는 것이다. 당신이 먼저 잠깐 멈추고 자신의 생활과 하나님께 대한 당신의 순종을 살펴본다면 이 책은 크게 도움이 될 것이다. 그러면 하나님께서는 당신이 당신의 자녀들에게 필요한 부모가 되도록 도우실 수 있다.

1. 예수 그리스도는 인간의 죄를 위한 하나님의 유일한 대책임을 인식하라

"우리가 아직 죄인 되었을 때에 그리스도께서 우리를 위하여 죽으심으로 하나님께서 우리에게 대한 자기의 사랑을 확증하셨느니라." — 로마서 5:8

"우리가 그리스도 안에서 그의 은혜의 풍성함을 따라 그의 피로 말미암아 구속 곧 죄 사함을 받았으니." — 에베소서 1:7

2. 당신의 자기 의지를 회개하라

"너희도 만일 회개치 아니하면(자기 의지에서 하나님의 의지로 돌이키지 아니하면) 다 이와 같이 망하리라." — 누가복음 13:3

3. 당신의 삶을 그리스도께로 돌이키고 그리스도를 당신 생애의 주님으로 삼음으로써, 그리스도를 구세주와 주님으로 영접하라

당신이 그분을 모셔들일 때 그분은 당신의 과거의 죄를 깨끗게 하시고 당신에게 지혜를 주시고 미래를 인도해 주실 것이다.

"영접하는 자 곧 그 이름을 믿는 자들에게는 하나님의 자녀가 되는 권세를 주셨으니." — 요한복음 1:12

"누구든지 주의 이름을 부르는 자는 구원을 얻으리라."
―로마서 10 : 13

4. 당신의 매일매일의 결정을 예수 그리스도께서 하심을 기억하라
"너는 범사에 그를 인정하라 그리하면 네 길을 지도하시리라."
―잠언 3 : 6

"술 취하지 말라 이는 방탕한 것이니 오직 성령의 충만을 받으라."
―에베소서 5 : 18

그리스도께서 당신의 생활을 주관하실 때 당신은 그분을 기쁘시게 하는 것―평안과 사랑과 행복의 감정을 자아내는 것―에 대해서 생각하게 될 것이다.

하나님께서 원하시는 그런 부모가 되는 비결은 위의 네 원리를 고수하는 것이다. 인식하고, 회개하고, 영접하고, 기억하라. 그러한 단계를 밟은 뒤에 결과가 따를 것이다. 당신은 성령 안에서 행하게 될 것이며, 그것은 매일매일 그리스도와 교제를 갖는 것이다.

갈라디아서 5 : 16―17에서 이렇게 말한다.

"내가 이르노니 너희는 성령을 좇아 행하라 그리하면 육체의 욕심을 이루지 아니하리라 육체의 소욕은 성령을 거스리고 성령의 소욕은 육체를 거스리나니 이 둘이 서로 대적함으로 너희의 원하는 것을 하지 못하게 하려 함이니라."

"당신의 행동이 너무나 크게 말을 해서 당신이 말하는 것은 들리지 않는다"라는 옛말은 확실히 사실이다. 그렇다면 엄마 아빠가 예수 그리스도께 전적으로 순복하고 그들이 하는 말이 그들의 행동과 모순되지 않는 것은 얼마나 중요한 일인가.

우리가 성령에 의해 주관될 때, 우리의 생각과 태도와 행동과 반응은 모두 영향을 받을 것이다.

하나님께서 우리에게 주신 자녀라는 유산을 생각할 때 우리는 헌신과 순종을 해야 할 충분한 가치가 있다. 우리 자녀들이 훌륭하고 준법 정신이 강한 시민으로, 또한 무엇보다도 주 예수 그리스도께 헌신하는 사람으로 성숙해 가는 것을 보는 것보다 우리에게 더 큰 보상이 어디 있겠는가?

왜 불순종할까

자녀들이 왜 불순종하는지에 대한 6가지 기본적인 이유가 있다. 어떤 아이들은 6가지 문제를 다 가지고 있으며, 반면에 어떤 아이는 한 가지 문제에만 해당될 수도 있다.

1. 그는 주님을 개인적으로 알지 못한다

그것은 불순종의 근본적이고도 또한 가장 중요한 이유이다. 자기 자녀가 어렸을 때 부모가 그를 예수 그리스도께 인도하는 것은 매우 중요한 일이다. 자녀가 어렸을 때 그리스도께 나아가면 그는 자기 자신에 대해 편안하게 될 것이기 때문에 많은 불순종들이 억제된다. 그리스도의 변화시키시는 사역이 어린이의 전인격에 큰 차이를 가져 온다.

2. 그는 육신적인 죄를 짓도록 허용되어 왔다

이기적인 요구가 자기 멋대로 허용되고 육체의 소욕을 따르도록 놓아 둔 아이는 부모를 향해 반항적이 된다. 그가 원하는 것은 무엇이든지 읽고, 원하는 텔레비전 프로는 무엇이나 보고, 아무 영화나 보도록 허용될 때 그는 하나님을 거역하게 될 것이다. 전세계를 통해서 영화관에서 상영되는 것이 시청자들의 정신과 생활을 부패하게 만들고 있는데, 그 시청자 중에 청소년들이 가장 높은 비율을 보이고 있다.

나는 자녀들에게 깨끗한 이부자리와 영양가 많은 음식을 마련해 주고 식기를 소독하고 씻어 주는 어머니들이, 왜 그들의 정신은 이 세상의 찌꺼기들로 채워지도록 등을 돌린 채 허용하고 있는지 이해할 수가 없다. 그것은 더러운 이부자리에서 자는 것이나 더러운 식기로 음식을 먹는 것보다 더욱 그들의 삶을 더럽히고 파괴시킬 것이다.

당신의 자녀가 무엇을 읽고 있으며, 어떤 영화를 보고 있는지 아는가? 한 아버지는 한달 동안 자기 아들이 보는 텔레비전 프로나 그가 보는 영화(아들이 본다는 것을 아는)는 모조리 보기로 결정했다. 20일 후에 그 아버지는 그 이상 더 볼 수 없다고 결정했다. 그 모두가 그의 사고 방식과 태도에 영향을 주었으므로 그는 자기 아들이 왜 반항적이고 논쟁적이 되는지를 짐작할 수 있었다.

현명한 부모는 자녀가 무엇으로 그의 정신을 채우고 있는지를 알아 조심스럽게 지침을 세워 놓아야 한다.

3. 그는 부모의 훈련이 결핍된 채 살아왔다

다시 말하면 묵인하는 부모는 자기 자녀를 사랑하는 훈련사의 역할을 하지 않고 있다는 것이다. 성경은 아버지가 가정의 머리가 되며 자녀들을 훈련과 가르침으로 키우는 것을 보게 되리라고 말한다. 구약의 잠언에는 부모들에게 자녀를 지혜의 길로 가르치고 훈련시키라고 권고하는 구절들이 수없이 많다. 어머니는 보조자가 되어야 하고, 아버지가 부재시에는 그 역할을 대행해야 한다.

4. 그는 복종심이 개발되어 있지 않다

자녀들은 봄으로써 순복을 가장 잘 배운다. 아들은 자기 아버지가 하나님께 순복하는 것을 지켜 보고, 딸은 어머니가 남편에게 순복하는 것을 관찰한다. 순종하는 자녀가 되려면 순복하는 정신을 가져야 한다. 불순종은 자녀와 부모 사이에서 개인적으로 고쳐져야 하지만, 자녀가 잘못을 범한 사람에게는 공개적으로 보상을 해야 한다.

예를 들면, 우리 자녀들이 어렸을 때 그러한 에피소드가 있었다. 우리 두 아이가 아버지와 함께 식료품점에 갔다가 집으로 걸어오고 있었다. 도중에 아버지는 두 아이가 각각 주머니에 자기가 사 주지 않은 사탕 봉지를 넣어 가지고 온 것을 발견했다. 그가 두 아이에게 증거를 제시했을 때 둘이 다 슬그머니 넣었다고 자백했다. "고쳐 주는 회초리"가 두 아이에게 비밀리에 적용되었고, 둘은 모두 식료품점으로 돌아가서 주인에게 변상을 했다. 그들은 주인에게 자기들이 한 일을 자백하고 용서를 구하고, 먹다 남은 사탕은 돌려주고, 다 먹은 것은 자기들 용돈에서 물어 주고 났을 때 복구되었다. 그와 같은 고침은 순복하는 정신과 권위에의 순응을 가르쳐 준다.

5. 그는 자기 부모의 사랑과 관심을 얻으려고 투쟁하고 있다

불행하게도 그는 그것을 얻는 가장 빠른 방법이 불순종이라는 것을 발견했다. 사랑과 관심에 굶주린 자녀에게는 불순종의 결과가 비록 일시적이긴 하지만, 부모의 관심을 얻을 만큼 가치가 있는 것이다. 활동적인 많은 부모들은 자기 인생의 목표 달성에 너무나 몰입된 나머지 그들 자녀 속에 있는 그러한 갈등을 보지 못하고 만다. 보통, 학교에서 품행이 가장 단정한 아이들은 가족들의 모임과 부모의 많은 사랑으로 가득 찬 가정에서 자라난 아이들이다.

6. 그는 권위를 존중하라는 가르침을 받지 못했다

자기 부모의 권위를 존중하라는 가르침을 받지 못한 아이는, 선생님이나 법관이나 고용주나 무엇보다도 하나님 아버지의 권위를 존중하기가 굉장히 어렵다. 자녀들은 그들의 어머니가 남편에게 순복하는 것이나 아버지가 하나님께 순복하는 것을 보지 못했기 때문에 권위를 존중하지 않는지도 모른다. 그들은 부모의 본보기를 봄으로써 가장 잘 배울 것이다.

자녀들이 존경을 배우고 "예" 혹은 "아니오"라고 대답하던 시대는 어디로 갔을까? 오늘날의 대답은 운이 좋아야 "응" 혹은 "그래"다. 중요한 것은 말 자체가 아니라 존댓말에 수반되는 존경하는 태도와 훈련인 것이다. 자녀들이 존경할 수 있으려면 누가 권위와 능력을 가지고 있으며 좀더 강한 존재인가를 인식해야 한다.

이 장을 끝맺으면서 나는 당신에게 지금, 자녀가 불순종하는 여섯 가지 이유에 대해 대답해 보기를 시작하도록 도전하는 바이다. 자녀의 태도와 대답을 검토해서 그들이 어느 정도 순종하는 자녀인가를 측정해 보라. 점수가 높으면 당신은 올바른 길에 들어섰으며, 자녀에게 마땅히 행할 바를 가르치는 훌륭한 일을 하고 있는 셈이다. 올바른 가르침이란 큰 교육이나 물질 혹은 높은 지능지수를 요구하지 않는다. 그것은 단순히 당신이 부르심을 받은 것에 대한 부지런함과 하나님께 대한 순종을 요한다.

여름 휴가 동안 남편과 나는 결혼하지 않은 두 아이를 데리고 동쪽에 있는 여러 고적지를 답사했다. 매사추세츠주 보스턴에 있는 옛 그레이너리 묘지(Old Granary Cemetery)에서 우리는 아주 오래된 낡은 비석을 발견했다. 그것은 벤자민 프랭클린(Benjamin Franklin)의 부모의 묘지였다. 거기에는 다음과 같이 적혀 있었다.

"89세의 요시아 프랭클린(Josiah Franklin)과 85세의 아내 아비아(Aviah)가 여기 누워 있다. 그들은 서로 사랑하면서 55년간 결혼생활을 했으며, 재산이나 높은 수입이 없이 끊임없는 노동과 정직한 근면으로 대가족을 편안히 유지해 나갔다. 13명의 자녀와 7명의 손주들을 존경할 만한 인물로 키워 냈다.

　이 글을 읽는 사람이여, 이 예를 보고 격려를 받아 당신이 부르심을 받은 일에 근면하고 하나님의 섭리를 불신하지 말라. 그는 경건하고 신중한 남자였으며, 그의 아내는 사려깊고 덕이 있는 여자였노라."

10
훈계는 단순한 징계가 아니다

내 아들아 네 아비의 명령을 지키며
네 어미의 법을 떠나지 말고
그것을 항상 네 마음에 새기며
네 목에 매라
그것이 너의 다닐 때에 너를 인도하며
너의 잘 때에 너를 보호하며
너의 깰 때에 너로 더불어 말하리니
대저 명령은 등불이요
법은 빛이요
훈계의 책망은 곧 생명의 길이라.
　　　　　　　－잠언 6 : 20－23

　훈련(훈계 : discipline)은 징계 이상의 것이다. 훈계는 자녀에게가 아니라 자녀를 위해서 하는 것이다. 부모가 만약 올바로 가르친다면 때리거나 고쳐 주는 일은 훨씬 적게 하게 될 것이다. 훈계는 당신이 당신 자녀 속에 세워 주는 인격의 일부이며, 그것은 그에게 생명의 길을 주게 될 것이다.

"또 아비들아 너희 자녀를 노엽게 하지 말고 오직 주의 교양과 훈계로 양육하라"(엡 6 : 4).

이러한 가르침 혹은 훈계는, 분명한 지침을 가지고 자녀가 성숙해지고 인격이 개발되도록 인도한다는 뜻이다. 그것은 자녀에게 명령과 규칙들을 주는 것 이상의 것이다. 훈계는 충실하게 일관성을 가지고 가르치며 교육하고 인도하는 것이다. 많은 사람들은 마음속으로, 훈계란 아이가 행동하게 하는 수단으로서의 징계로 생각한다.

훈계에는 예방과 치료의 양면성이 있다. 치료란 때로는 절대적으로 필요한 것이지만, 예방이란 자녀에게 자제력을 길러 주는 것이다.

당신이 당신 자녀를 훈련(discipline)시키고 있을 때, 당신은 그야말로 그를 제자(disciple)가 되도록 가르치고 있는 것이다.

헨리 브란트 박사(Dr. Henry Brandt)는 "부모 노릇이란 당신의 자녀를 제자로 만드는 과정이다"라고 말했다.

자녀가 어려서는 부모인 당신의 제자가 될 것이며, 그 뒤 그가 성숙해지고 당신이 기초를 쌓아 놓았을 때는 예수 그리스도의 제자가 될 것이다. 그는 먼저 당신의 가르침과 당신의 본보기를 따르게 될 것이다. 그렇다면 당신의 가르침과 본보기가 그리스도와 아주 비슷해야 한다는 것이니, 이 얼마나 중요한 일인가. 당신의 자녀는 어떻게 훈련될 수 있는가를 이야기하려고 애쓰는 훈련되지 않은 부모를 보고 있지나 않은가?

자기 자녀를 훈계하는 책임을 감당하고 있지 않은 부모는 자녀를 마치 사생아처럼 취급하고 있는 것이다.

"징계(discipline)는 다 받는 것이거늘 너희에게 없으면 사생자요 참 아들이 아니니라"(히 12 : 8).

훈계를 받지 못한 자녀는 마치 자기가 아무에게도 속해 있지 않은 것처럼 느끼며 그의 자부심에도 좋지 않은 영향을 받는다.

훈계와 사랑은 나란히 가는 것이다. 부모들은 건전한 매를 때리기 전에 "이것은 너보다도 날 더 아프게 한단다"라고 얼마나 많이 말하는가!

그렇지만 자녀들은 절대로 그것을 믿지 않는다. 그러나 훈계에 사랑이 묶여 있을 때 그것은 부모를 아프게 한다. 그것은 부모로 하여금 하나님께서 하나님의 자녀를 거듭 훈계하실 때 그 마음이 얼마나 아프실까를 조금 이해하게 만든다. 효과적인 훈계란 사랑 없이는 불가능하다. 훈계없는 사랑은 등뼈가 없는 것 같으며 순수한 사랑이 못 된다. 사랑없는 훈계란 냉랭하고 군대식이다. 그러나 사랑과 훈계가 함께 묶여 있을 때 그 결과는 자녀를 인도하고 교육하고 고치는 데 효과적인 수단이 된다.

교정은 사랑을 받지 못한 자녀에게는 좋은 효과가 없다. 징계의 아픔은 그리 효과적이지 못하다. 그러나 부모가 자녀와 강력한 관계를 맺고 있을 때 고쳐 주는 훈계는 부모와 자녀를 좀더 친밀하게 끌어 줄 것이다.

자기 부모에 대한 신뢰와 존경은 고침을 받고 있는 동안, 부모가 복수를 하거나 화풀이를 하고 있는 것이 아니라는 사실을 재확인시켜 줄 것이다. 오히려 자녀는 부모가 진정으로 자기를 돌보고 있음을 확인할 것이다. 많은 경우에 우리 아이들은 매를 맞은 직후에 아주 큰 사랑을 느낀다. 그러한 때 그들은 두려워하기보다 부모와의 좋은 관계를 회복했다는 확신 가운데에서 안심하게 되는 것이다. 자녀들이 부모에 의해서 사랑을 받을 때 고침을 받으면, 부모에 대한 사랑에 불이 붙어서 부모처럼 성숙해지기를 원하며 대부분 부모를 기쁘게 해주고 싶어하고 부모와 좋은 위치에 있게 된다.

생후 처음 2년간은 부모와 자녀들 사이에서 사랑이 반응을 일으키기에 가장 중요한 시기다. 그 시기에 그의 신뢰와 불신, 그리고 권위에 대한 존경과 존경치 않음이 결정된다. 모든 그리스도인 부모들은 자기 자녀가 자라서 책임있는 시민이 되고, 하나님을 경외하는 그리스도인이 되기를 바란다.

우리 자녀 속에 그러한 요소들을 세워 주기 위해서는 매시간, 매일, 매주, 매달의 가르침이 필요하다. 어떤 어머니에게도 그렇게 결정적인 시기에 다른 사람에게 자기 자녀를 맡기는 큰 모험을 할 만한 여유는 없을 것이다. 어머니는 자녀들의 어린 시절 대부분의 시간을 함께 하며 그들이 가장 필요로 할 때 위로와 사랑과 가르침을 주어야 한다.

올바른 개발을 위해 그들에게는 취학 이전의 시기에 매일 일어나는 어머니와 자녀 사이의 상호작용이 필요한 것이다. 자신이 일을 해야 하는 어머니들에게 꼭 부탁하고 싶은 것은, 어린 마음속에 그리스도인의 원리를 심어 줄 훌륭한 기독교 기관에 당신의 어린 자녀를 등록시키라는 것이다. 덧붙여서, 일하지 않을 때나 잠자지 않는 시간에 될 수 있는 대로 당신의 자녀와 많은 시간을 가짐으로써 그에게 신뢰와 존경을 심어 줄 수 있는 일을 함께 할 수 있는 계획을 세우라.

좋은 행동과 좋은 습관을 알맞게 개발시키고 자부심을 길러 주기 위해서는 다같이 인식되어야 한다. 보통 우리 자녀가 훌륭하고 좋은 태도를 보일 때, 우리는 그들에게 별로 혹은 전혀 주의를 기울이지 않는다. 그들이 만약 우리를 귀찮게 굴지 않으면 우리도 그들을 귀찮게 하지 않을 것이다. 그러나 자녀가 엉뚱한 행동을 할 때 우리는 즉시 주의를 기울인다. 그가 잘 행동하고 있을 때, 모르는 채 하지 말고 그가 잘하고 있는 일에,

"조용히 놀고 있으니까 참 좋구나"

하는 식으로 긍정적인 언급을 하도록 하라. 혹은 집안 식구들이

모두 움직이고 있는 것이 얼마나 즐거우며 그가 그런 좋은 날에 얼마나 도움을 주고 있는가를 암시해 주어라.

　어린 아이는 좋은 행동을 강화시켜 줌으로써 나쁜 행동을 고쳐 줄 수 있다. 우리가 언제나 열심히 찾아보기만 한다면 자녀를 칭찬해 줄 이유를 발견할 수 있다.

　아동 발달에 관한 공부를 하는 동안 나는 잘 운영되는 유치원에 가서 연구하라는 숙제를 받았다. 그 유치원에 있는 한 남자 아이가 선생님과 다른 아이들에게 골칫거리가 되고 있었다. 우리는 좀더 협조적인 행동을 유발시키기 위해 칭찬할 만한 점을 찾아보려고 애를 썼다. 시간이 좀 걸리고 생각도 해야 했지만 드디어 해결점을 발견했다. 오후마다 휴식 시간이 있던 어느 날, 그는 해야 할 것을 하고 있었다. 휴식을 취하고 있었던 것이다(그는 아마 전날 밤 자기 가족들을 피롭히느라고 몹시 피곤했었던 것 같았다). 교사는 그 순간을 포착해서 휴식 시간이 끝난 뒤에, 그 아이가 그날 반에서 제일 훌륭하게 휴식 시간을 보냈다고 칭찬했다.

　그의 어머니가 나중에 말하기를 그는 그날 저녁 식탁에서 전가족에게 자기가 제일 훌륭하게 휴식을 취한 아이라고, "선생님이 그렇게 말씀하셨다"라고 했다는 것이다. 그 전에는 그런 일이 없었는데 그는 그 다음 며칠 동안 조용히 휴식을 취했다. 어린이들은 칭찬에 반응을 보이며, 우리가 열심히 찾아본다면 모든 어린이들에게는 칭찬받을 만한 부분이 있다.

당신의 훈계는 얼마나 효과적인가

뒤로 물러서서 당신이 자녀에게 실시하고 있는 훈계 내용과 결과를 조심스럽게 검토해 보는 것은 현명한 일이다. 당신이 자녀에게 기대하는 것을 자녀가 이해하지 못한다면 그가 반응을 보일 수 있는 길은 없다.

모든 훈계는 훌륭하고 단순한 대화로 시작되어야만 한다. 부모가 훈계하는 궁극적인 목표는 자녀에게 자제력을 가르치는 것이어야 한다. 의사 소통은 그 목표에 도달하기 위한 첫걸음이다.

훌륭하고 기본적인 훈련 계획에는 다음과 같은 명확한 특성이 있다. 스스로에게 다음과 같은 질문을 해보라.

1. 그것은 건설적인가

훈계는 결과적으로 자녀에게 좌절감을 주기보다는 도움을 주는 것이어야 한다.

"내 아들아 너는 듣고 지혜를 얻어 네 마음을 정로로 인도할지니라"(잠 23 : 19).

2. 그것은 지혜로운 선택을 하게 만드는 것인가

훈계는 자녀로 하여금 스스로 지혜로운 선택을 하도록 인도하고 교육시키는 것이어야 한다. 그렇게 함으로써 당신은 그가 자기 훈련을 쌓도록 돕는 것이다.

"너는 권고를 들으며 훈계를 받으라 그리하면 네가 필경은 지혜롭게 되리라"(잠 19 : 20).

3. 그것은 일관성이 있는가

진정한 훈계는 불순종에 대응해서 충실하고 일관성이 있는 것이어야 한다. 어떤 때는 훈계하고 어떤 때는 묵과하는 것은 효과적이지 않다.

"네 자식을 징계하라 그리하면 그가 너를 평안하게 하겠고 또 네 마음에 기쁨을 주리라"(잠 29 : 17).

4. 그것은 사랑을 전달하고 있는가

훈계는 자녀를 사랑하는 마음에서 우러나와야 한다. 그것은 또한 가족의 일부라는 것과 소속감에 대한 확신을 주기도 한다. 기억해 두라.

"주께서 그 사랑하시는 자를 징계하시고"(히 12 : 6).

5. 그것은 비밀이 보장되는가

훈계는 부모와 자녀 사이에 있는 것이며, 그것이 이웃 사람들과의 모임에서 화제 거리가 되지 않는다는 것을 자녀는 알아야 한다.

"내가 그들의 죄악을 사하고 다시는 그 죄를 기억지 아니하리라"(렘 31 : 34).

그러한 확신은 또한 당신 자녀의 마음속에, 당신이 그를 용서해 주었으며 지금은 모든 것을 잊어버렸다는 믿음을 심어 준다.

창조적으로 훈계하는 방법이 몇 가지 있는데 현명한 부모라면 각 경우마다 적합한 방법을 선택해야 한다.

1. 당신은 자녀에게 아주 중요한 것을 빼앗을 수 있다

그것은 그가 즐기는 어떤 것을 사용하거나 행하는 특권을 빼앗는다는 뜻이다. 만약 조니가 장난감을 가지고 응접실에 놓인 마호가니 탁자를 더럽힌다면, (조니가 좀더 잘 알 수 있을 만큼 자란 경우) 당신은 그에게서 그 장난감을 며칠 동안 빼앗아 버릴 수 있다. 반드시 그에게 전에 이미 가구를 더럽혀서는 안 된다고 일렀음을 알려야 한다.

그러므로 그가 기억하도록 돕는 최선의 길은 며칠동안 그 장난감을 가질 수 있는 특권을 빼앗는 것이다. 그것은 좋은 가구에는 장난감을 사용해서는 안 되며, 엄마가 정해준 곳에서만 가지고 놀아야 한다는 것을 상기시켜 줄 것이다.

2. 당신은 아이를 친구들로부터 고립시키거나 제 방에 가두어 둘 수 있다

마치 그가 거기서 영원히 있어야 할 것처럼 그를 제 방으로 보내지 않는 것이 중요하다. 목적은 그가 행동을 바꾸도록 조정하는 것이므로 그가 그것을 할 수 있다고 느낄 때 다시 나와 놀 수 있게 해야 한다.

샐리가 친구들을 지겹게 놀려 대서 계속 말썽을 일으킬 정도까지 되었다고 해보자. 당신은 샐리가 말썽을 일으켰다는 사실을 그 자신에게 일러 준다. 그리고 나서 샐리에게 제 방으로 가서 자기 행동을 좀더 잘 조정할 수 있을 때까지 혼자 놀아야 한다고 말한다. 언제든지 그 애가 자기 행동을 바꾸기만 하면 다시 친구들과 놀 수 있다는 것을 그 애에게 알리도록 한다.

3. 자녀로 하여금 자연적인 결과를 경험하게끔 놓아 둔다

만약 당신이 말로 일러 주었는데 그것이 아무 효력이 없다면 자녀가 그 결과를 거두도록 그냥 놓아 두어 그로 하여금 불쾌한 경험을 갖게 하라. 그것이 그에게 심한 해를 입히는 것이라면 그냥 놓아 두어서는 안 된다. 당신은 그러한 가능성을 타진할 수 있을 것이다. 그러나 잠시 동안의 가벼운 육체적인 고통이라면 아무 결과도 가져 오지 않는 꾸지람이나 때리는 것보다 훨씬 더 낫다는 사실을 기억하라.

예를 들면, 메어리가 고양이의 꼬리를 잡아당기는 잔인한 습관이 있다고 하자. 당신이 여러 번 말로 타일렀는데 아무 소용이 없었다. 그렇다면 어린 메어리에게, 계속해서 고양이 꼬리를 잡아당기면 어떻게 된다는 것을 스스로 경험하도록 하라. 비록 잠시 동안의 고통을 맛보게 될 것이 틀림없지만, 그 애는 고양이 꼬리를 잡아 당기는 것은 현명한 행동이 아니라는 사실을 자연적인 결과를 통해 배울 것이다.

4. 훌륭하거나 나쁜 행실에 대해 "용돈 보상제도"를 사용할 수 있다

이 방법은 아주 강력한 몇 가지 불리한 점이 있다. 가장 큰 것은 이것이 나쁜 동기를 심어 준다는 것이다.

어떤 부모는 일주일 동안의 책임 완수를 채점하는 도표를 벽에 붙여 놓는다. 그러면 당신이 그들에게 기대하는 일, 예를 들면 이부자리를 개키는 일, 설거지를 돕는 일, 쓰레기통 버리는 일 등등을 했을 때마다 점수가 가산된다. 그들이 맡겨진 일을 소홀히 했을 때는 그 주일의 총점에서 점수를 깎는다. 주말에 총점에 대해서 일정한 금액의 돈을 상금으로 준다.

그러나 우리들 대부분은 우리 자녀들이 모든 일을 돈 때문에 하기를 원치 않는다. 그들은 가족의 일원으로서 자기가 짐을 져야 할 부분이 있다는 사실을 배워야 한다. 이 방법은 금전만능주의를 가져 올 우려가 있으며, 부모가 자녀의 동기 부족이나 불순종의 근본적인 원인을 알 수 없게 만든다. 그것보다 자녀가 자발적으로 가정일을 도왔을 때 기쁜 마음으로 협조한 데 대해서 때때로 특별한 보너스를 주는 것이 얼마나 더 좋은가!

5. 자녀를 때려 준다

때리는 것은 의지적인 반항이나 다른 방법들이 효과가 없을 때만 사용되어야 한다. 자녀에게 책임을 가르치기 위해 때리는 방법

이 사용되어서는 안 된다.

　반항적인 불순종에 대해서 매질을 했고 그것이 성경에서 가르치는 대로였다면, 자녀의 머리 속에는 "나는 다시는 그 일을 하지 않는 것이 좋겠다"라는 반성이 새겨진다.

　올바른 매질과 잘못된 매질이 있다. 잘못된 매질은 화가 나서 때리는 잔인하고 야만적인 것이다. 그것은 자녀를 분노와 복수심으로 가득 차게 만들며 그에게 아무 유익도 없다. 올바른 매질이란 건전하고 긍정적인 자세로 하는 것이다.

　우선, 왜 때려야 하는가를 말로 일러 주어야 하며, 그 다음에 고쳐주는 "채찍"을 대어야 하고, 많이 사랑해 주어야 한다.

　어떤 아버지는 다음과 같은 말이 새겨진 회초리를 가지고 있었다.

　"사랑으로 나의 아들에게."

　성경은 사랑과 고쳐 주는 "채찍"의 관계를 분명히 말해 준다.

고쳐 주는 채찍

　"무릇 징계가 당시에는 즐거워 보이지 않고 슬퍼 보이나 후에 그로 말미암아 연달한 자에게는 의의 평강한 열매를 맺나니"(히 12 : 11).

　성경은 자녀를 어떻게 훈계하는가에 대해 충분한 가르침을 제시해 준다. 자녀를 훈계하는 데 대해서 이야기할 때 성경은 언제나 채찍을 언급하고 있다. 다음은 고쳐 주는 채찍에 대해서 말해 주는 잠언의 몇 구절을 적어 놓은 것이다.

"초달을 차마 못하는 자는 그 자식을 미워함이라 자식을 사랑하는 자는 근실히 징계하느니라." —잠언 13:24

"아이의 마음에는 미련한 것이 얽혔으나 징계하는 채찍이 이를 멀리 쫓아내리라." —잠언 22:15

"아이를 훈계하지 아니치 말라 채찍으로 그를 때릴지라도 죽지 아니하리라." —잠언 23:13

"그를 채찍으로 때리면 그 영혼을 음부에서 구원하리라." —잠언 23:14

"채찍과 꾸지람이 지혜를 주거늘 임의로 하게 버려 두면 그 자식은 어미를 욕되게 하느니라." —잠언 29:15

하나님께서는 어린 아이의 손을 찰싹 때리는 것으로만 부모의 손이 고쳐 주는 것에 사용되도록 하셨다고 나는 믿는다. 그가 말을 알아듣지 못하기 때문에 그의 손이 전기 코드를 만지려고 할 때 찰싹 때려 주면, 그는 알아들을 것이다. 성경은 계속해서 "고쳐 주는 채찍"에 대해서 언급하고 있다.

어린이들은 자라면서 매를 두려워하게 된다. 당신이 손을 매로 사용한다면, 사랑과 애정으로 그에게 내미는 손을 그는 두려워하게 될 것이다. 또한 매를 사용하면 당신이 화가 났다 해도 그것을 가라 앉힐 시간적인 여유를 줄 것이다. 매를 사용하겠다고 선언하고 그것을 가져오도록 자녀를 보내고 나서, 당신은 때리기 전에 자신의 분노를 자백하고 그 다음 단계를 계획할 시간적인 여유를 갖게 될 것이다. 우리는 언제나 자녀에게 나무로 된 주걱이었던 "매"를 가져 오도록 보냈다. 많은 경우에 그 주걱들은 마치 멀리 걸어가 버리기라도 한 것처럼 찾기가 얼마나 어려운지 놀라울 정도였다.

　다른 부모들과 그것에 대해 토론해 보고 나서, 많은 경우에 그들이 화가 나서 무의식적으로 손으로 종종 아이의 머리나 손이나 얼굴을 치게 된다는 사실을 발견했다. 분노 가운데서 행해진 훈계는 아주 비효과적이며 잘못된 것이다. 그것은 상처나 실망이나 복수심의 반응을 가져 오며, 그 어느 것도 아이가 올바른 행동을 하도록 가르치거나 교육시키지 못한다.

　성경은 화가 난 남자(혹은 여자)를 경고하고 있으며 우리에게 그들을 피하라고 말해 준다.

　"노를 품는 자와 사귀지 말며 울분한 자와 동행하지 말지니."
　　　　　　　　　　　　　　　　　　　　　　　　　－잠언 22 : 24

　"노하는 자는 다툼을 일으키고 분하여 하는 자는 범죄함이 많으니라."
　　　　　　　　　　　　　　　　　　　　　　　　　－잠언 29 : 22

　"어리석은 자는 그 노를 다 드러내어도 지혜로운 자는 그 노를 억제하느니라."
　　　　　　　　　　　　　　　　　　　　　　　　　－잠언 29 : 11

　"노하기를 더디 하는 자는 크게 명철하여도 마음이 조급한 자는 어리석음을 나타내느니라."
　　　　　　　　　　　　　　　　　　　　　　　　　－잠언 14 : 29

　"노하기를 속히 하는 자는 어리석은 일을 행하고."
　　　　　　　　　　　　　　　　　　　　　　　　　－잠언 14 : 17

　자녀들을 효과적으로 훈계하고 싶은 부모는 먼저 자신의 분노나

급한 성미를 이기고 승리해야 할 것이다. 그러한 부모들은 하나님께 분내는 영을 자백하고 변화시켜 주실 것을 간구해야 한다.

"노하기를 더디 하는 자는 용사보다 낫고 자기의 마음을 다스리는 자는 성을 빼앗는 자보다 나으니라"(잠 16:32).

성경에는 고쳐 주는 채찍을 어디에 사용해야 할지 적합한 곳을 지정해 주고 있다. 하나님께서는 어린 아이의 신체에 살이 많은 부분을 준비해 놓으셔서 심하게 때려도 뼈가 부러지거나 상하지 않도록 해 놓으셨다. 이 부분은 어린 아이의 등 밑, 넓적다리 위로 어린 아이의 배 뒷부분이다. 모든 아이들은 그 부분이 있다.

잠언은 그 부분을 가리키며 그 사용을 권하고 있다.

"명철한 자의 입술에는 지혜가 있어도 지혜없는 자의 등을 위하여는 채찍이 있느니라." －잠언 10:13

"심판은 거만한 자를 위하여 예비된 것이요 채찍은 어리석은 자의 등을 위하여 예비된 것이니라." －잠언 19:29

"말에게는 채찍이요 나귀에게는 자갈이요 미련한 자의 등에는 막대기니라." －잠언 26:3

현명한 부모는 자녀 훈계에 대한 영감과 지침을 받기 위해 잠언서를 공부할 것이다. 하나님께서 징계와 꾸지람에 대해서 어떻게 말씀하시는가를 아는 것은 중요한 일이다. 그러나 아는 것만으로는 충분치 않다. 당신이 그것을 실행에 옮겨야만 당신의 자녀의 삶에 효과가 있을 것이다.

"훈계를 저버리는 자에게는 궁핍과 수욕이 이르거니와 경계를 지키는 자는 존영을 얻느니라"(잠 13:18).

훈계에 대한 지침

샌디에이고 군 견습부(San Diego County Probation Department) 정신과 의사인 토마스 존슨 박사(Dr. Thomas P. Johnson)는 부모를 위한 다음과 같은 지침을 만들었다.
1. 자녀의 인격을 비난하지 말고, 그가 한 행동에 대해서 나무라도록 하라.
2. 나쁜 행동이 아니라 좋은 행동에 주의를 기울이고 칭찬해 주어라.
3. 토론을 격려하고 허용하라. 그러나 최종적인 결정을 내리는 사람은 부모이어야 한다.
4. 벌은 확실하게 분명한 위반과 관련해서 신속하고 합당해야 한다. 그리고 벌은 너무 심할 필요가 없다.
5. 실시하기를 원치 않는 규칙들은 버리고, 바꾸어야겠다고 생각될 때는 언제든지 기꺼이 바꾸도록 한다.
6. 강의를 하거나 경고하지 말라. 어린 아이들은 자기들이 중요하다고 생각하는 것을 기억할 것이다.
7. 규칙들을 설명해야 할지라도, 그것을 정당화시켜야 한다고는 생각지 말라.
8. 어린 아이들이 자람에 따라 많은 규칙들이 논의되고 타협이 이루어질 수 있다. 다른 부모들이 어떤 규칙을 가지고 있든지 아주 강력히 고수해야겠다고 생각되는 한두 가지 규칙들은 그렇게 해야 한다.
9. 자녀가 자기의 결정에 책임질 수 있는 능력을 보일 때, 그들이 그렇게 하게 하라.
10. 자녀들이 당신보다 더 많은 자제력을 보이리라고는 기대하지 말라.

11. 당신의 자녀들에게 솔직하라. 위선은 곧 드러나기 때문이다.
12. 자녀의 자아상에 있어서 가장 중요한 요소는, 당신이 그에 대해서 생각한다고 그가 느끼는 것이다. 그의 자아상은 그가 어떻게 행동하는가에 있어서 중요한 요소다.

부모의 기질이 훈계에 영향을 준다

 부모가 자녀들을 훈계하는 방법은 종종 그들 자신의 기질을 반영하고 있다. 그렇기 때문에 어떤 부모들은 엄격한 훈계자가 되는 경향이 있고, 어떤 부모들은 묵인하는 경향이 있다. 대부분의 사람들은 자기와 반대되는 기질과 결혼하고, 그것은 자녀를 훈계할 때 갈등을 일으키게 한다. 수동적인 편은 너무 태평하다고 비난을 받고, 능동적인 편은 너무 엄격하기 때문에 비난을 받는다. 부모는 자녀를 어떻게 훈계할 것인가에 대해 의견의 일치를 본 뒤에 그 결정을 실행에 옮기는 것이 절대적으로 필요하다.

 훈계를 효과적으로 하기 위해서는, 두 사람의 마음의 일치가 있어야 한다. 자녀들은 부모가 서로 의견이 같지 않다는 것을 알아차리면 즉시 서로 반대하도록 작용하기 시작할 것이다.

 예를 들면, 메어리가 불순종해서 아버지가 일주일 내내 외출을 제한하겠다고 선언했다. 내가 그 집에 갔을 때 메어리는 자기 어머니에게 그날 저녁 친구집에 가겠다고 말했다.

 담즙질의 아버지는,

 "너는 외출 금지 중인 것으로 알고 있는데"라고 말했다.

 다혈질의 어머니가 얼른 개입했다.

 "외출 금지 중이긴 하지만, 그 애의 친구집 전화번호를 적어 놓았어요."

　나는 아버지의 얼굴이 벌개지고 눈이 번쩍 빛나는 것을 보았다. 만약 내가 없었다면 그는 아마 벌컥 화를 냈을 것이다. 틀림없이 그의 아내는 그의 훈계를 강화시키지 않고 자기 나름대로 적당히 뜯어 고치고 있음이 틀림없었다. 딸아이는 자기 어머니가 쉽게 들어 줄 거라는 것과, 아버지에게 허락을 받지 않는 편이 더 낫다는 것을 알고 있었다.
　어머니는 메어리에게 이렇게 이야기하는 편이 훨씬 더 나았을 것이다.
　"아빠와 나는 네게 외출을 제한하고 있는 중이야. 그러니까 너는 오늘 저녁 집에 있어야 해."

　대부분의 가정에서 괴로움을 겪고 있는 공통적인 문제를 살펴보고, 네 가지 기질의 부모들이 어떻게 대처하는가를 살펴 보기로 하자.
　형제, 자매끼리의 싸움은 물이 흘러 내리는 것처럼 자연스러운 일이다. 그것은 자녀들이 부모를 걱정시키는 좋은 방법인 것 같다. 그것은 보통 한 아이가 놀리거나 그저 "툭 치든지" 해서 약이 오르게 됨으로써 시작된다. 말을 주고받다가 오래지 않아서 가지고 놀던 장난감을 던지거나 잡아채게 된다. 그러면 목소리는 커지고 날카로워진다. 보통 한 아이가 울면서 부모에게로 와서 이르는 것으로 끝날 것이다. 누가 잘못했고 실제로 누가 싸움을 먼저 시작했는지 어떻게 알겠는가? 둘이 다 잘못했을 경우가 많다. 부모들은 그와 같은 장면에 대해서 아주 다른 반응을 보인다.
　담즙질의 부모는, 엄격한 훈계자로, 보통 자기가 내린 명령은 어떤 것이나 준행한다. 아마 그는 싸움이 격해지는 소리가 들릴 때 경고를 했을 것이다. 한번 경고한 뒤에 그들에게 다시 말한다.
　"지금 그만두지 못해. 그렇지 않으면 둘 다 때려 줄테야."

그래도 아무 변화가 없으면 방문을 벌컥 열어 젖히고 들어가서 두 아이를 한꺼번에 잡아 세우고, 자기가 말한 대로 때릴 것이다. 그는 아이들을 침실로 데리고 들어가서 침대에 눕혀 놓고 둘 다 매맞는 것이 어떤 것인지 알 수 있을 만큼 세게 때려 줄 것이다. 이 부모는 "이 다음에 또 싸우는 걸 보면 더 맞을 줄 알아라"는 말 이외에는 거의 아무 설명이 없을 것이다.

담즙질은 훈계에 대해서는 가장 철저하지만, 거기에 수반되어야 할 사랑이 부족한 것이다.

다혈질의 부모는, 싸움을 그치라고 수십 번씩 경고할 것이다. "조니야, 그만 둬! 조니야, 그만 둬! 너 그만두지 않으면 때려 준다!"

그리고 보통 그 조니는 매를 맞지 않을 것이다. 매번 경고하는 소리는 점점 더 커지지만 결국 아이들의 싸움하는 소리와 부모의 외침소리가 마치 "1812년 서곡"같이 요란스럽게 되고 만다. 마침내 부모는 방으로 뛰어들어 가서 아이들을 찰싹 때리거나 그 자리에서 회초리를 댄다. 그러나 불행하게도 그는 무엇을 하기 전에, 화가 풀릴 때까지 기다린다.

화가 가라앉고 아이들이 울고 있으면, 다혈질의 부모는 자기가 화를 낸 것과 홧김에 아이들을 때려 준 것 때문에 미안한 생각을 하기 시작한다. 많은 경우 그는 모든 것을 가라앉힐 만한 사탕이나 달콤한 것을 줌으로써 아이들에게 보상하려고 한다.

다혈질은 훈계에 있어서 일관성이 없다. 어떤 날은 아이들이 잘 못했다고 매를 맞고 어떤 날은 같은 행동이라도 묵과될 것이다.

우울질의 부모는, 싸움하는 소리에 귀를 기울이다가 자기가 실패한 것처럼 느끼기 시작한다. 아마도 그는 싸움의 이면을 들여다 보고 나서, 눈물을 흘리며 아이들 방으로 들어갈 것이다.

"애들아, 너희는 왜 그렇게 서로 미워하니?"
"내가 어디서 실패했을까?"
"너희들은 내게 어떻게 하고 있는지 알기나 하니?"

이 부모는 너무 말이 많아 아이들에게 강의를 할 것이며, 맨 마지막에 가서야 매를 들 것이다. 그리고 나서는 죄의식을 느끼고 후회를 하며 자기 비애에 빠질 것이다. 어쩌면 그 결과로 "두통약"을 먹게 될지도 모른다.

점액질의 부모는, 훈계를 할 때가 되면 그 자리를 피하고 자기 배우자가 그 문제를 해결해 주기를 바란다. 그는 떠들썩한 소리에서 될 수 있는 대로 벗어나기 위해 자기 껍질 속으로 기어들어가 어떤 문제나 위반 사항을 무시하려고 든다. 만약 그가 최종적으로 어떻게 하지 않으면 아이들이 서로 죽일지도 모른다는 결론을 내리게 되면, 그제서야 자기 껍질로부터 기어 나와서 조용하고 길게 말한다.

"한번 더 기회를 주겠다" 혹은 "아빠(혹은 엄마)가 뭐라고 하시겠니?"

때리는 것은 점액질의 부모에게는 거리가 멀므로, 그가 훈계하지 않으면 안 될 만큼 압박감을 느끼면, 아마 아이들을 의자 위에 세우거나 각기 제 방으로 보낼 것이다. 점액질의 어머니들이 좀더 하기 쉬운 일은 아버지가 집에 올 때까지 훈계를 보류하는 것이다. 점액질의 아버지는 아마 폭풍이 지나갈 때까지 지하실로 물러가 있을 것이다.

세계를 돌아다니며 여행을 하는 동안, 우리는 수백 명의 선교사들과 살기도 했고 교제도 했다. 그 동안 우리가 관찰한 바로는 아주 좋은 의도를 가진 어떤 선교사들이, 그들의 자녀를 묵인하는 가정에서 키우는 경향이 있다는 것이다(선교지역에는 다른 기질보다 우울질과 점액질이 더 많은 것 같다). 그들은 자녀가 선교 지역에서 살아야 하는 만큼 반항과 불순종은 간과되어야 한다는 생각을 하는 것 같다. 그러한 정신이 자녀들에게 스며들어서 그들은 스스로를 안됐다고 느끼기 시작하고 자기 비애에 빠진다. 그 결과 그들은 인생에서 속았다고 느끼는 비통한 젊은이가 된다.

만약 부모들이 생활 가운데서 긍정적인 축복을 기준으로 해서 살고, 그들의 자녀가 회초리와 그 권위를 존중하도록 키운다면 훨씬 더 좋을 것이다.

고집쟁이인 것인가, 의지가 강한 것인가

위의 두 말은 아주 같은 것처럼 들리지만, 사실 그 둘은 아주 다르다. 불행하게도 그 두 말은 너무나 자주 사용되지만 잘못 사용되었기 때문에 진정한 의미가 잘못 받아들여져 왔다.

고집쟁이는 의지가 강한 것이 아니라 약한 것이다. 그는 자기의 욕망과 순간의 필요에 의해 이끌린다. 그의 욕망이 의지를 조정하며, 그 의지가 이성을 지배한다. 이러한 청년은 대부분 자기가 좋을 대로 행하고, 용돈은 자기를 매혹시키는 물건을 사는 데에 허비하며, 어떤 욕망이 생길 때는 만족하기까지 참을 수가 없다. 고집쟁이는 항상 현실을 교묘하게 조정하고 왜곡해서 자기 마음대로 바꾸어 버린다. 그는 완전히 이기심에 의해 조정되며, 그의 생애를 위한 하나님의 뜻은 전혀 고려하지 않는다.

참으로 의지가 강한 아이는 정확하게 그 반대로 움직인다. 그의 이성은 의지를 지시하고, 의지는 욕망을 통제한다. 이러한 젊은이는 나중에 더 높고 더 영원한 만족을 얻기 위해서 현재의 만족을 연기할 수 있다. 그는 더 높은 목표에 도달하기 위해서 자기를 부인할 능력이 있다. 강한 의지는 현실의 제한을 받아들일 수 있으며 그 안에서 살 수 있다. 그는 좌절감을 견딜 수 있으며 거기에 대처할 수 있다. 그러한 모든 것은 아주 좋은 특성이지만, 그가 자신의 생애에서 그리스도를 빼 놓는다면 그러한 목표는 이기적이고 영원 가운데에서 아무 가치도 없는 것이 된다.

의지가 강한 사람은 자기가 하고 싶은 것과 반드시 해야 할 바를 분별한다. 고집쟁이는 그러한 선택을 할 수 있는 내적 자유를 소유하지 못하고 있으며, 즉각적인 굶주림을 만족시키기 위한 자기 자신의 필요에 강요된다. 의지가 강한 사람은 자아로부터 독립할 수 있는 능력을 소유하고 있다. 고집쟁이는 완전히 자기 자신을 만족시키는 데 사로잡혀 있다.

당신은 자녀를 정직한 눈으로 보고 그가 고집쟁이인가 혹은 의지가 강한 것인가를 결정함으로써 그를 도와줄 수 있다. 그런 분명한 특색은 어린 나이에 나타나기 시작할 것이다. 그의 충동적인 바람과 욕망을 계속 들어 주기 시작할 때 당신은 당신의 자녀에게 고집을 키워 주는 것이다. 강한 의지를 길러 주기 위해서 그는 자기의 이기적인 바람과 욕망을 어떻게 부인하는가를 배워야 한다.

그러나 단지 강한 의지만 갖는 것으로는 충분하지 않다. 만약 그 강한 의지의 동기가 순전한 자기 유익을 위한 것이라면 이기적인 것이 될 수 있다.

예수님께서 마태복음 16 : 24-25에서 말씀하신 바를 고려해 봄으로써 한 가지 교훈을 배울 수 있다.

"아무든지 나를 따라 오려거든 자기를 부인하고 자기 십자가를 지고 나를 좇을 것이니라 누구든지 제 목숨을 구원코자 하면 잃을 것이요 누구든지 나를 위하여 제 목숨을 잃으면 찾으리라."

고집쟁이는 오직 자기 욕망과 자기 생명을 구하는 데에만 관심이 있는데, 예수님께서는 그런 자는 생명을 잃을 것이라고 말씀하셨다. 그러나 기꺼이 자기를 부인하고 그리스도를 위해서 자기 목숨을 잃으려고 하는 자는 자기 생명을 찾을 것이다.

의지가 강한 사람이 예수님을 자신의 구세주와 주인으로 받아들여 자기를 부인하고 그리스도를 따르려는 도전을 받을 때, 그는 이기적인 동기없이 의지가 강한 자가 되기에 필요한 훈련을 쌓기 시작할 수 있다. 의지가 강한 아이는 그리스도와의 개인적인 경험을 해야 하며, 자기 자신의 목표를 버리고 그리스도를 위해서 자신을 부인할 필요성에 직면해야 한다.

자녀가 고집쟁이이든 의지가 강한 아이이든, 훈계는 각 자녀의 생활 가운데 아주 필요한 것이다. 부모들은 자녀들이 어렸을 때 올바로 훈계해서 그들이 그리스도께 순종하고, 성장함에 따라 그리스도의 권위에 굴복할 수 있게 해주는 일이 중요하다.

11

사랑의 결실을 거두다

"물론 나는 우리 아이들을 사랑하지요."
한 아버지가 말했다.
"나는 그 애들의 음식과 옷과 거할 집을 마련해 주니까요. 애들이 무엇을 더 기대하겠습니까?"
며칠 전 나는 두 자녀를 둔 한 젊은 부부와 상담을 했다.
그때 나는 "자녀를 사랑한다는 것은 모든 것을 포함한다"라는 제목으로 강좌를 마친 바로 뒤였다. 그들이 내게 다가왔을때, 나는 부인의 눈에서 그것에 동의할 수 없다는 표정을 읽을 수 있었다.
그녀는 즉시 말했다.
"내가 하고 싶은 것을 언제나 할 수 없다는 말인가요? 어떤 때는 자녀들을 위해서 내 욕망을 포기해야 한다는 말입니까? 그런 요구는 너무나 끔찍한 상황이 아닐까요?"
나는 이 부인의 참으로 아픈 부분을 건드렸다는 사실을 알았다. 그 부인이 이야기하지 않은 부분이 있다는 것을 알고 내가 질문을 시작하자, 그 남편은 오히려 당황해 하는 표정으로 뒤에 서 있었다. 이야기가 펼쳐짐에 따라 나는, 자기 자녀들을 사랑하기가 어려운 아주 이기적인 여인과 대화를 하고 있음을 깨달았다. 그녀는 너무나 자기 자신에게 사로잡혀 있어서 자녀들에게 열중할 수가 없었다. 자녀를 사랑하고 가르친다는 것은 완전한 개입을 요구하는 일이다.

나는 자녀에 대한 하나님 아버지의 관계를 예로 들었다. 만약 하나님께서 숨쉴 수 있는 공기와 먹을 음식과 옷만을 제공해 주신다면, 우리에게 얼마나 소홀하신 것인가. 그러나 그렇지 않고 하나님께서는 우리에게 완전히 개입하신다. 하나님의 사랑은 우리의 직업과 결혼관계와 상처와 실망과 기쁨과 성취감과 질병과 건강과 심지어는 우리의 원함과 욕망에까지도 뻗친다.

"너희 중에 누가 아들이 떡을 달라 하면 돌을 주며 생선을 달라 하면 뱀을 줄 사람이 있겠느냐 너희가 악한 자라도 좋은 것으로 자식에게 줄줄 알거든 하물며 하늘에 계신 너희 아버지께서 구하는 자에게 좋은 것으로 주시지 않겠느냐 그러므로 무엇이든지 남에게 대접을 받고자 하는 대로 너희도 남을 대접하라 이것이 율법이요 선지자니라"(마 7 : 9-12).

성령께서 나의 연약한 말을 가지고 그녀의 양심을 찌르는 데 사용하신 것 같았다. 나는 그처럼 딱딱하고 적대감에 싸여 있었던 여인이 부드러워지고 감동되어 눈물을 흘리는 것을 지켜 보았다. 그녀가 주님께서 자기의 이기심을 용서해 주시고 그리스도께서 그녀를 사랑하심같이 그녀도 자녀들을 사랑할 수 있도록 가르쳐 주실 것을 기도하는 동안 우리 세 사람은 서로 감싸 안고 있었다.

또 어떤 젊은 어머니는 나에게 물었다.

"자녀들이 당신의 자유를 제한하고 당신의 대화를 방해하며, 돈을 쓰게 하고 당신의 사생활을 침범하며, 당신의 힘을 다 빼고 신경쇠약에 걸리게 하는데, 어떻게 그들이 결혼생활을 풍요하게 해줄 수 있습니까?"

나는 그와 같은 경우가 어떤 가정에는 맞는다는 것에 동의하지만, 그렇지 않은 많은 가정을 알고 있으며 우리 가정도 분명히 그렇지 않다. 부모 노릇에 수반되는 모든 제한과 방해와 비용과 긴장에도 불구하고, 나는 자녀들이 결혼의 즐거움에 새로운 깊이와 풍성함을 더해 준다고 굳게 믿는다. 아마도 가장 큰 차이는 당신이 그것에 직면하는 태도가 아닐까?

"가족이 내게 무엇을 해줄 수 있는가?"라고 말하는 어머니는 기진맥진하게 되고 두통과 신경쇠약에 걸릴지도 모른다. 그러나 "내가 가족들에게 무엇을 해줄 수 있을까?"를 알고 싶어하는 어머니는 행복한 부모로서 사랑의 결실을 거두게 될 것이다.

수잔나 웨슬리(Suzanna Wesley)의 생활 수기 가운데, 그녀는 15명의 자녀들 하나하나를 위해 일주일에 1시간씩 방해받지 않는 기도 시간을 보냈다는 내용이 있다. 그리고 한 아이가 가정에서 독립할 때마다 그녀는 그들을 위한 기도로 그 시간을 보냈다고 한다. 이 얼마나 놀라운 삶의 자세인가! 그녀는 확실히 자기가 자녀들에게 준 사랑으로부터 많은 결실을 거두었다.

심은 대로 거둔다

사랑의 결실을 거두기 위해서 우리는 먼저 사랑의 씨앗을 심어야 한다. 많은 씨앗들이 희생되겠지만 열매를 거둘 때 그 희생들은 잊혀지고 만다. 결국 인생에서 가치있는 일을 성취하려면 우리 편에서의 희생이 요구될 것이다. "사랑의 씨앗"이란 당신이 거두기 시작하기 전에 심어야 할 것과 수년 동안 자녀에게 완전히 몰두되는 것을 의미한다.

귀를 기울여 줌

당신이 자녀에게 어떻게 귀를 기울였는가는 다음 두 가지 중에서 선택한 것을 통해 나타난다.

"나를 귀찮게 하지 마라. 나는 너무나 바쁘단다"라고 하든지, 아니면

"나는 네가 말하는 것

에 귀를 기울이지 못할 만큼 바쁘지는 않단다."

처음 것은 자녀로 하여금 자신의 고독 가운데로 깊이 들어가게 할 것이며, 자기는 귀찮은 존재이고 자기 말에 귀를 기울여 줄 만한 존재가 못 된다고 생각하게 될 것이다. 두번째 것은 자녀에게 자기가 존중받고 귀를 기울여 줄 만큼 중요하고 가치있는 인간이라는 안정감을 준다.

스위스의 유명한 저자이며 의사인 폴 튀니어(Paul Tournier)는 이렇게 말했다.

"인간이 진정으로 그 말에 귀를 기울여 주어야 할 필요성은 아무리 강조해도 지나치지 않는다."

어떤 사람은 귀를 잘 기울여 준다는 것은 두 가지, 즉 집중과 억제를 요한다고 말했다. 진정으로 귀를 기울인다는 것은 말하는 사람이 무엇을 말하고 있으며 무엇을 말하지 않는지, 혹은 그들이 주위를 빙빙 돌고 있는 이유가 무엇이며, 그들이 진정으로 듣는 사람에게 말하려고 하는 것이 무엇인지에 집중하는 것을 포함하고 있다. 경청이란 또한 말하고 있는 것에 대한 반대나 지나친 반응, 그리고 방해나 비판을 억제하는 것을 요한다.

경청할 줄 아는 당신의 능력은 또한 당신 자신의 말의 가치를 평가하는 데에 도움이 될 것이다. 왜냐하면 자녀들이 하는 말은

당신 자신의 말을 반영하는 것이기 때문이다.

전 달

당신이 자녀에게 어떻게 이야기하는가에 따라서 용납 혹은 비판, 사랑 혹은 배척이 전달될 것이다. 당신의 어조와 눈빛 혹은 당신이 만져 주거나 쓰다듬어 주는 방법은 당신이 하는 말보다 더 강력하게 말해 준다.

아버지는 가족들에게 기쁜 마음으로 영적인 진리를 전달해 주어야만 한다(아버지가 없는 가정이나 혹은 아버지가 성경적인 진리를 가르치는 일에 관심이 없을 때, 그 책임은 어머니에게로 돌아간다). 자녀의 영적인 상태에 관심을 가지는, 그것에 의해 살아야 할 기본적인 진리를 가르쳐 줄 만큼 사랑을 주는 가정에서 자라난 아이는 축복받은 아이다.

우리는 플로리다(Florida)에 있는 어떤 교회에서 본 것으로 인해 크게 감동을 받았다. 우리가 그 교회에서 세미나를 끝내자, 담임목사님이 지난 주에 가정 예배를 인도한 남자들은 모두 앞으로 나와 잠깐 모이라는 광고를 했다. 나는 300여 명이 앞으로 나와서 10-15분 동안 목사님과 만나는 것을 계속 지켜 보았다. 그것은 보기 드문 모습이었고 내 호기심을 자아냈다. 목사님이 면담을 끝마쳤을 때, 나는 어떻게 해서 그런 프로그램을 시작했는지에 대해서 물었다.

그는 6개월 전 그의 교회에 나오는 남자들이 자기 가족에게 성경의 진리들을 전달하고 있지 않다는 사실을 깨달았다. 그래서 어느 주일날 저녁, 지난 주에 가정 예배를 인도한 사람들을 만나고 싶다는 광고를 했다. 가정 예배를 드렸다고 하는 20명의 남자들이 그를 만났다. 그는 매주일마다 지난 주에 가정 예배를 인도한 남자들과 계속 만나게 되었다. 지침과 영감과 격려가 주어지는 이 간단한 모임에 참석할 수 있는 유일한 조건은 지난 주에 가정 예배를 인도했다는 사실뿐이었다. 그들은 위원회를 조직하지 않고도 기꺼이 그것을 했으며, 그렇게 하겠다는 좋은 의도가 있다고 표현하지도 않았다. 그들은 이미 그렇게 했기 때문에 거기 있었던 것이다.

6개월 후인 지금, 가족들에게 매일 영적 진리를 전달해 주는 가정은 300가구로 늘었다. 그 교회와 지역사회는 틀림없이 그와 같은 효과적인 전달로 인한 결실을 거둘 것이다.

훈 계

이것은 한 장 전체(10장)를 할애할 만큼 중요한 씨앗이다. 이것은 심어야 할 씨앗의 명단에 끼어야만 한다. 훈계와 사랑은 부모와 자녀의 관계에 개입되는 것이기 때문에 결코 떼어놓을 수 없는 것이다. 사랑과 훈  계는 양쪽 부모에게서 똑같이 주어져야 한다.

우리는 창세기 25-27장에 나오는 에서의 예를 본다. 그는 훈계를 받지 못했고 한쪽 부모로부터만 사랑을 받았다. 그들은 심은 대로 거두었다. 창세기 26:35에서는 에서와 그의 아내가 "이삭과 리브가의 마음의 근심이 되었더라"고 말한다.

훈계가 적당히 사용될 때 그것은 가족에게 안정을 가져다 준다. 자녀들이 가족의 법칙 내에서 매일 그 기능을 발휘할 때 안정감을 주기 때문에, 그들은 그 가족의 규칙을 알아야 한다. 알맞은 훈계는 울타리 같은 역할을 하기 때문에 자녀들이 어디까지 나갈 수 있는가를 알 수 있게 한다.

최근에 아프리카를 여행했을 때, 맹수들은 적절한 훈련에 의해서 확고한 감각을 가질 수 있다는 아주 재미있는 사실을 발견했다. 우리는 케냐(Kenya)에 있는 맹수 게임장으로 차를 타고 가다가 큰 코끼리떼를 만났다. 아주 큰 수코끼리로부터 작은 아기 코끼리까지 온갖 크기의 코끼리들이 있었다. 우리들이 가까이 가서 그들을 보려고 서행할 때, 어느 놈이 가장 어린 코끼리의 어미인지가 분명해졌다. 어미는 우리가 위험한 존재일지도 모른다는 것을 감지하고 어린 아기 코끼리를 무리 안에 머물러 있게 했다. 아기 코끼리는 전형적인 새끼다운 태도로 옆으로 떨어져 나가 돌아다니기를 원했다. 어미 코끼리는 아기 코끼리의 주의를 집중시키려고 코를 쿵쿵거렸지만 아기 코끼리는 그것을 슬쩍 무시해 버렸다. 결국은 경고가 있은 뒤, 어미가 새끼 옆으로 걸어가더니 긴 코로 궁둥이를 철썩 때렸다. 새끼는 어미가 어떻게 하라는 것인지를 정확히 알고는 돌아서서 순종하는 태도로 무리 가운데로 끼어 들었다.
잠깐 뒤에 나는 그 어미 코끼리가 아기 코끼리 옆으로 가서 마치 사랑의 표현인 양 그 큰 몸을 비벼 대는 것을 보았다. 그 어미와 새끼는 사랑과 훈계가 적당히 균형잡혀 있는 좋은 관계에 있는 것 같았다.

용서

자녀들은 당신을 보고 용서해 주는 것을 배운다. 당신은 아이들의 어머니(아버지)를 어떻게 용서해 주는가? 당신에게 잘못한 사람을 어떻게 용서해 주는가? 그때마다 당신은 본보기를 보임으로써 자녀들에게 말없이 가르치고 있는 것이다.

자녀들이 당신의 감정을 상하게 하거나 실망시킬 때 당신은 용서해 주고 잊어버  릴 수 있는가? 용서해 주고 잊어버리지 않을 때, 당신이 원한을 품고 있으면, 그것은 당신과 자녀 사이를 분리시키고 갈라지게 하는 쐐기가 된다.

나는 어떤 아버지가 자기 아들에게 비통한 상처와 실망을 주며 응수하는 것을 보았다. 그 소년은 불순종해서 벌을 받아야 마땅했지만, 아버지가 아들을 도와주려고 하기보다는 감정적인 반응을 보였기 때문에 그것은 그들의 관계를 분리시키는 쐐기가 되었다. 그 아버지는 여름 3개월 동안 5가지의 아주 특별한 특권을 빼앗아 버렸는데 그것은 대단히 가혹한 일이었다. 한 가지 특권만 빼앗아도 심한 일이었는데, 아버지 자신의 기분이 상했기 때문에 그는 지나친 처벌을 내린 것이었다.

그래서 여름 방학 3개월 동안 그 소년은 자기 방에 앉아 자기를 불쌍히 여기고 있었다. 그런 상태에서 비통함과 원망이 생겼고 모든 경험이 지나치게 확장되고 말았다. 만약 아버지가 비통함으로보다는 사랑으로 훈계해 3개월로 확대시키는 대신 짧은 기간에 끝냈더라면 얼마나 더 좋았겠는가. 그러면 그는 아들에게 그가 용서해 주었으며 모든 것을 잊어버렸다고 말할 수 있었을 것이다. 그러한 도전은 소년에게 실수로부터 유익한 교훈을 얻어 좀더 잘할 수 있도록 도와주었을 것이다.

어떤 소년이라도 그와 같이 훈계하는 아버지를 존경할 수 있을 것이며, 대부분의 아이들은 나아지고 싶어하고 다시는 아버지를 가슴 아프게 하려고 하지 않을 것이다.

존 중

사랑에는 자녀의 판단과 결정을 존중하는 것도 포함된다. 그들의 결정이나 판단이 당신과 같지 않을 수 있다. 물론 그들은 성숙하지 못했으며 경험이 부족하다. 그러나 적어도 그것을 고려해 주기는 해야 한다. 어떤 때는 그것이 그에게 해롭지 않다는 것만 확신할 수 있다면 그가 내린 결정을 따르도록 하는 것이 크게 유익하다. 그렇게 함으로써 당신은 자녀에게 자신감과 자부심을 기르도록 돕고 있는 것이다.

당신이 자녀에게 보여줄 수 있는 가장 큰 존중은 그의 개인적인 권리다. 아이들마다 자기가 마땅히 가져야 할 권리를 가지고 있으며, 자녀를 진정으로 사랑하는 부모라면 그것을 고려하고 존중해 줄 것이다. 그의 권리는 그저 단순한 설명일 수도 있지만 그러나 그것은 그에게 아주 중요한 것이다.

지난 여름 미국의 동해안을 여행하는 동안, 우리 가족은 자녀의 권리가 침해당하는 직접적인 본보기를 보았다. 대학생인 우리 두 아이와 남편과 나는 롱 아일랜드 항구(Long Island Harbor)에 있는 자유의 여신상을 보려고 길게 줄을 서서 기다리고 있었다. 뜨거운 여름 오후였고 사람들이 길에 늘어선 줄은 천천히 움직이고 있었다. 우리 앞에는 두 아이를 데리고 온 부부가 서 있었다.

그 어린 아이들은 조바심을 내며 더워 했고 줄 서 있는 것을 즐거워 하지 않았다. 아버지가 줄을 섰다가 휴게실로 가서 아이들을 위해 아이스크림 두 개를 사 가지고 왔다. 아이들은 안정되었다. 얼마나 만족해 하는지! 아이들이 즐거워하니까 거기 서 있던 사람들도 모두 즐거워하는 것 같았다. 그 줄은 서서히 움직이기 시작했고 조금 후면 우리는 안으로 들어갈 수 있었다. 그런데 입구에 들어서니 다음과 같은 큰 표지판이 있었다.

"장내에서 음식이나 음료는 절대 금지"

젊은 어머니는 그 표지판을 읽고 재빨리 아이들의 손에서 아이스크림 두 개를 잡아채서는 아무 설명도 없이 쓰레기통에 집어넣어 버렸다. 엄마는 표지판을 읽을 수 있었지만 아이들은 읽을 수 없었다. 그들이 아는 것이라고는, 금방 아이스크림을 맛있게 먹고 있었는데 빼앗겨 버렸다는 것뿐이었다. 그들은 항거하는 울음을 터뜨렸고, 그 아이들이 권리를 침해당했기 때문에 화가 나서 우는 소리를 들으며, 우리는 자유의 여신상을 돌아보았다. 여신상을 반쯤 돌다가, 그 어머니는 멈추어 서서 아이들이 운다고 그들을 때려주었다. 그것은 참으로 불행한 장면이었다. 엉뚱한 사람이 매를 맞고 있는 셈이기 때문이었다. 만약 부모들이 자녀의 눈을 통해 상황을 바라보고 자녀의 권리를 존중했다면 그렇게 소란하지는 않았을 것이다.

더 큰 기쁨은 없다

심어야 할 "사랑의 씨앗"은 더욱 많겠지만, 나는 그것들이 당신의 시간과 정력과 관심의 태도를 희생할 것을 당신에게 요한다는 사실을 충분히 나누었다고 생각한다.

　당신이 밭을 가꿀 때, 흙을 준비해서 씨를 뿌리고 물을 주고 잡초를 뽑아 주고 약물을 뿌려 주는 등 당신의 희생이 필요하다. 그러나 당신이 신선한 야채를 뜯어다가 저녁 식탁을 준비해서 싱싱한 야채 맛을 볼 때, 당신은 시간과 정력과 고되고 어려웠던 일의 희생을 잊어버릴 것이다.

　당신의 자녀에게도 그와 같다.

　당신이 첫 결실을 거두어서 잘한 일로부터 최초의 만족스러운 맛을 볼 때, 당신은 그 목표를 이루기 위해 치른 희생을 더 이상 기억하지 않을 것이다. 당신의 아들이나 딸이 12-13년의 교육과정을 끝내고 고등학교 졸업장을 받으려고 복도를 걸어나가는 모습을 볼 때, 당신의 가슴속은 기쁨으로 벅차서 과거의 즐겁지 못했던 일들은 기억하지도 못할 것이다.

　그들이 병들었을 때 밤잠을 못 자던 일, 당신을 가슴 아프게 했던 대결, 제일 좋은 골동품이나 더 값진 것을 산산조각 내던 일, 그들을 키우기 위해 들였던 많은 금액의 돈 등은 그들이 달성한 목표로부터 얻는 첫번째의 달콤한 만족의 맛을 얻는 순간 등 뒤로 사라져 버릴 것이다.

　그러나 만약 자녀들이 진리 가운데에서 행하지 않는다면, 그들이 이 세상에서 성공하는 것을 보는 것만으로는 부모들에게 영원한 기쁨은 오지 않을 것이다. 누구나 자기 자녀의 행복을 원한다. 그런데 행복에의 길은 하나님의 진리에 순종하는 것이다.

　"내가 내 자녀들이 진리 안에서 행한다 함을 듣는 것보다 더 즐거움이 없도다"(요삼 1:4).

　당신의 자녀가 주님을 기쁘시게 하며 성령 안에서 행하고 있는 것을 아는 것보다 더한 기쁨은 없다. 자녀가 그러한 목표를 이루도록 도와주는 가장 큰 역할을 하는 사람이 바로 부모인 것이다.

사명선언문

너희가 흠이 없고 순전하여……세상에서 그들 가운데 빛들로
나타내며 생명의 말씀을 밝혀 _ 빌 2:15-16

1. 생명을 담겠습니다
만드는 책에 주님 주신 생명을 담겠습니다.
그 책으로 복음을 선포하겠습니다.

2. 말씀을 밝히겠습니다
생명의 근본은 말씀입니다.
말씀을 밝혀 성도와 교회의 성장을 돕겠습니다.

3. 빛이 되겠습니다
시대와 영혼의 어두움을 밝혀 주님 앞으로 이끄는
빛이 되는 책을 만들겠습니다.

4. 순전히 행하겠습니다
책을 만들고 전하는 일과 경영하는 일에 부끄러움이 없는
정직함으로 행하겠습니다.

5. 끝까지 전파하겠습니다
모든 사람에게, 땅 끝까지, 주님 오시는 그날까지
복음을 전하는 사명을 다하겠습니다.

서점 안내

광화문점 서울시 종로구 새문안로 69 구세군회관 1층
02)737-2288 / 02)737-4623(F)

강남점 서울시 서초구 신반포로 177 반포쇼핑타운 3동 2층
02)595-1211 / 02)595-3549(F)

구로점 서울시 동작구 시흥대로 602, 3층 302호
02)858-8744 / 02)838-0653(F)

노원점 서울시 노원구 동일로 1366 삼봉빌딩 지하 1층
02)938-7979 / 02)3391-6169(F)

일산점 경기도 고양시 일산서구 중앙로 1391 레이크타운 지하 1층
031)916-8787 / 031)916-8788(F)

의정부점 경기도 의정부시 청사로47번길 12 성산타워 3층
031)845-0600 / 031)852-6930(F)

인터넷서점 www.lifebook.co.kr